统计学研究的文献计量与知识发现

曹艳峰 著

图书在版编目（CIP）数据

统计学研究的文献计量与知识发现 / 曹艳峰著. --
天津 : 天津大学出版社, 2023.7
ISBN 978-7-5618-7504-9

Ⅰ. ①统… Ⅱ. ①曹… Ⅲ. ①统计学－文献计量分析－知识管理－研究 Ⅳ. ①C8

中国国家版本馆CIP数据核字(2023)第108520号

出版发行 天津大学出版社
地　　址 天津市卫津路92号天津大学内（邮编：300072）
电　　话 发行部：022-27403647
网　　址 www.tjupress.com.cn
印　　刷 北京虎彩文化传播有限公司
经　　销 全国各地新华书店
开　　本 787mm×1092mm　1/16
印　　张 8.25
字　　数 243千
版　　次 2023年7月第1版
印　　次 2023年7月第1次
定　　价 38.00元

前　言

随着大数据时代的来临和科技经济的飞速发展，海量信息的存储使得人们难以从浩瀚的信息海洋中获取有用的知识。于是，数据挖掘技术日益发展成熟起来，成为人们挖掘有用信息的重要工具。与此同时，大量科学文献的存在也使得研究者难以在短时间内掌握研究领域的发展动态和前沿趋势。于是，将文献计量学和文本挖掘结合起来，帮助各领域各专业的研究人员识别研究课题的前沿热点、新趋势和新动态，并以可视化图谱的形式将分析结果展现出来，对科研人员跟踪科学前沿、了解专业领域发展新动态，以及准确地把握、判断未来研究方向，具有非常重要的意义。

本书以国内外统计学研究的前沿热点为研究对象，采集期刊文献作为样本数据。在对统计学发展和研究现状进行初步分析的基础上，用文本挖掘的方法和技术对国内外统计学来源文献进行了关键词共现和文献共被引的聚类分析。最后，通过得到的可视化聚类图谱，分析和研究了目前国内外统计学研究中的前沿领域和热点主题。

本书在 2016 年研究成果的基础上，增加了 2015—2022 年的数据。研究结果通过了相关专家的验证，证明了研究结果的有效性和价值性。在大数据的世界里，“大统计”的方法体系被用来探测“大统计”的研究前沿和研究热点。希望本研究可以为科研人员了解研究动态、跟踪科学前沿、把握研究方向进而开展科研创新提供有价值的参考和借鉴。

本书基于陈超美教授开发的 CiteSpace 软件进行文本挖掘并生成可视化知识图谱，在此向陈教授致以最真诚的谢意！

由于著者的专业水平有限，书中难免有不当之处，敬请专家学者和读者朋友们批评指正！

曹艳峰

2023 年 2 月 16 日

目　录

1 概述

1.1 研究背景及意义

1.1.1 研究背景

“我们淹没在信息中，但是却渴求知识。”奈斯比特在著名的《大趋势》一书中曾经这样总结信息时代知识发现的重要性[①]。

海量信息的出现和存在使得人们难以在短时间内获得各自所需的精准的少量信息，信息的提取和精炼成了迫切需要解决的技术难题，所以数据挖掘技术应运而生。同样，在海量的文本信息中获得自己所需要的精准信息也是很困难的事情，这时文本挖掘就在数据挖掘技术的基础上产生并迅速发展起来。

文本挖掘是费尔德曼（Feldman）在1995年提出的一个概念，旨在从大规模的文本数据中提取出隐含的、未知的、潜在有用的模式、信息和知识[②]。文本挖掘是数据挖掘技术和文本处理技术的完美结合，是数据挖掘技术从处理结构化数据向处理非结构化数据的一次跨越。

早在20世纪初，文献计量分析法的产生为科学文献的定量分析提供了理论和实践基础。产生于传播学、新闻学的内容分析法又为文献的定性分析开辟了一条新的道路。随着计算机技术、信息技术的不断迅速发展和文本数据的井喷式增长，怎样从海量文本数据中挖掘出用户所需要的信息，并使之成为可以服务于经济发展、科学研究的知识，越来越成为人们关注的课题。

近几年来，统计学和计算机技术的结合使得诸如医学统计学、生物统计学、计量经济学等这些统计学与其他学科的交叉应用越来越广泛，并且成为当前的研究热门领域。数据挖掘和机器学习为统计学的应用研究和理论创新等提供了广阔前景和实践上的极大可能。

本书旨在从统计的角度，将文本挖掘技术和文献计量分析法结合起来，并将其应用到具体学科的科学文献研究中去，体现智能化挖掘技术的可用性和实践性。在通过文献计量分析法采集数据和对数据进行初步分析之后，通过文本挖掘技术分析统计学近年来的研究趋势和研究前沿，追踪统计学研究中的研究热点、新趋势和新动态，并且将结果以可视化知识图谱的方式直观地展现在读者面前。在大数据的世界里，应用“大统计”的方法体系探测“大统计”的研究前沿和研究热点，是本书的研究内容。

1.1.2 研究意义

20世纪90年代初，数据库的应用已经比较广泛，很多数据库的应用积累了大量的数

① 奈斯比特. 大趋势：改变我们生活的十个新趋向[M]. 孙道章，等译. 北京：新华出版社，1984.

② 费尔德曼. 文本挖掘（英文版）[M]. 北京：人民邮电出版社，2009.

据，由此引发了研究者对这些以 TB、PB 甚至 EB、ZB 计的数据的兴趣，数据挖掘（data mining）在国内外逐渐热门起来。但是，弗雷斯特研究公司的统计资料指出，80 %以上的数据以非结构化的形式存在，如文档、手册、电子邮件、技术报告、专家陈述等。因此，对这些信息进行知识发现，尽管可能难度更大一些，但意义也更加重大，这就是文本挖掘（text mining）。

文本挖掘技术拓展了现有的数据挖掘技术，把挖掘的对象从结构化的数值数据扩展到非结构化的文本数据。文本挖掘技术可以帮助我们从海量的文本数据中发现新的模式、模型、规则、趋势等知识，并且可以通过信息可视化软件将知识图谱直观地展现在用户面前。目前文本挖掘技术在很多领域得到了广泛应用。

针对统计学科的建设和发展，为了适应大数据背景，美国对统计学本科专业教学提出了更高的要求。2014 年 11 月，美国统计学会发布统计学本科专业指导性教学纲要，主要强调了以下四个方面的内容[①]：①数据科学日益重要，统计专业人才不仅需要扎实的数学和统计基础，还要有强大的统计计算和编程能力，可以熟练使用专业统计软件和数据库；②真实数据是统计专业教育的重要组成部分；③更加多样化的统计模型和方法；④通过语言、图表和动画等用户易于理解的方式表达数据分析结论的能力。相应地，对统计学专业研究生而言，所要求达到的标准则在此基础上更专业、更高深。可见，在大数据时代掌握数据采集、整理、挖掘并将结果可视化的技术对统计学专业的发展具有十分重要的意义。

对于科学研究者而言，在研究开展之前，首要任务是从海量的科学文献数据中提取出与自己研究主题相关的文献内容，了解此主题的历史发展脉络，即项目申请书中的“研究背景”部分；其次是从这些主题文献中了解此主题目前的研究现状和研究热点，即项目申请书中的“研究现状”部分；再次，根据这些已有研究成果阐明自己的创新内容，揭示本项目的“研究意义”；最后，制定自己的“研究目标和计划”。对于自然科学研究者而言，科技查新工作人员的专业工作可以帮助他们检索课题的相关内容，得出包含目前的研究现状、研究热点等内容的研究报告。但是，社会科学研究者没有获得这样专业服务的渠道，只能自己花费大量时间和精力去获得这些信息，或将任务分配给自己的研究生或者助理，或求助于所在机构的图书馆馆员。不管是哪种渠道都要颇费周折，花费大量的时间和精力，而且获得的结果未必是最全、最准、最新的。

将传统的文献计量学和现代的文本挖掘技术结合，可以帮助各领域各专业的研究人员识别出研究课题的前沿热点、新趋势和新动态，并以可视化图谱的形式将分析结果展现出来，方便理解和应用。而且，这样的定量研究和定性研究复合的研究方式，可以得到更加客观科学、真正为研究人员所需的结果。所以，本研究对科研人员跟踪科学前沿、了解专业领域发展新动态以及准确地把握、判断未来研究方向具有重要的意义。

1.2 国内外研究现状

1.2.1 国内研究现状

在中国知网“中国学术期刊网络出版总库”中检索，检索 2005—2014 年主题为“文本挖

① 孟生旺，袁卫. 大数据时代的统计教育[J]. 统计研究，2015，32（4）：3-7.

掘”的研究，检索结果为 1 198 条。研究发现学术关注度呈逐年上升趋势（图 1.1），主题为“文本挖掘”的文章越来越多，说明文本挖掘逐渐受到人们的重视。根据文章的内容统计，人们在研究文本挖掘理论、技术的同时，已经开始将其应用到具体的数据分析中去解决实际问题，比如互联网商品评价分析、网络舆情分析、微博热点分析、学科热点前沿分析等。

图 1.1 国内“文本挖掘”的发文量趋势（2005—2014 年）

分析检索结果中被引次数较多的文献，可以看出，2005—2014 年主题为“文本挖掘”的文章主要研究挖掘的方法和技术。分析排名比较靠前的热门下载文章发现，目前文本挖掘的应用主要集中在网络舆情、微博热点、在线评论等方面，说明文本挖掘已经引起大家的注意，人们开始利用文本挖掘的相关知识和技术解决一些应用性的问题。文本挖掘为现实生活和经济商业活动提供了一种新的海量文本信息挖掘的工具，同时可以为企事业单位的生产和管理出谋划策。

笔者在 2014 年 6 月 10 日，即撰写开题报告时，以“文本挖掘”为主题在中国知网“中国学术期刊网络出版总库”中检索，不限定出版时间和来源刊物类别，检索结果为 1 087 条。

按学科分组，文献属于计算机软件及计算机应用学科的结果最多，为 605 条，其次为图书情报与数字图书馆，排名第三的是互联网技术，排名第四位、第五位的分别是自动化技术和中医学。

按机构来分组，发表文章最多的是中国中医科学院中医临床基础医学研究所，其次是兰州大学信息学院，上海中医药大学发表 26 篇文章，清华大学、大连理工大学、中国科学院（包括研究生院、国家科学图书馆、计算机网络信息中心协调工作环境研究中心等多个隶属机构）均发表文章 21 篇（其中中国科学院国家科学图书馆单独发展文章 15 篇），华东师范大学、国防科技大学和北京大学各发表文章 16 篇，北京科技大学、北京理工大学各发表文章 15 篇。从这些发表文章数量排名靠前的机构可以看出，目前文本挖掘的研究主要集中于全国重点综合性大学和理工类院校。

笔者在 2016 年 2 月 23 日再次以“文本挖掘”为主题在中国知网“中国学术期刊网络出版总库”中检索，不限定出版时间和来源刊物类别，检索结果为 4 293 条。不到两年时间，有关文本挖掘的文章数量增加了将近三倍，可见人们对文本挖掘的关注程度显著提升，而且研究内容也从技术和方法逐渐向应用转移。

按学科分组，计算机软件及计算机应用的研究文章仍然最多（1 565）；排在第二位和第三位的分别是中国文学（448）和世界文学（329），体现了文本挖掘在文学题材研究中的应用;中等教育(248)和初等教育(163)共发文 411 篇,占到了近 10%的比例,这类文章主要是挖掘教材、启发阅读之类的研究;此外,在图书情报与数字图书馆、新闻与媒体、医学、经济学和管理学等方面也有一些具体研究和应用。

按机构来分组,武汉大学发文最多(79),其次是中国中医科学院中医临床基础医学研究所(76),第三位是兰州大学(65),四川大学和北京大学均发表文章 51 篇,浙江大学 49 篇,清华大学 48 篇,南京大学 46 篇。同样,这些发表文章数量排名靠前的研究文本挖掘的机构仍然主要集中于全国重点综合性大学和理工类院校。

笔者在 2016 年 2 月 23 日,不限发表时间,检索主题为“文本挖掘”的学位论文,博士论文有 1 066 篇,硕士论文有 6 709 篇。可见,已经有相当一部分研究生跟随导师在进行“文本挖掘”方面的研究。

笔者在 2016 年 3 月 17 日,在中国知网“博士学位论文数据库”中检索 2005—2014 年主题为“文本挖掘”的博士论文,共有 125 篇。按照学科专业来分组,发现研究文本挖掘的高层次学位论文大多集中在计算机理论与应用(35.2%)、管理科学与工程(20.8%)、情报学(5.6%)等侧重于理论和方法技术的专业上。但是也出现了在医学、生物学、心理学等方面的应用,这方面的研究已经与国际接轨。

具体到本书的研究主题,按照主题为“统计学”+“知识图谱”、“统计学”+“前沿”和“统计学”+“热点”检索得到最具相关性的 12 条记录(表 1.1)。可见,目前统计学前沿热点相关的文章不是很多,用文本挖掘技术和文献计量方法分析统计学前沿热点的文献也不是很多。

表 1.1 2016 年以前关于统计学前沿热点的研究文章

序号	题名	作者	来源	发表年度
1	大数据时代统计学重构研究中的几个热点问题	田茂再	统计研究	2015
2	我国统计学研究热点知识图谱分析——基于 CSSCI(2000—2011 年)	徐润华;黄爱玲;顾成伟	西南民族大学学报	2014
3	基于 CSSCI(2000—2011)的我国统计学学科知识图谱研究	陈静; 吕修富	图书与情报	2014
4	统计学前沿的发展现状和国际比较	叶明确;黄舒	统计研究	2013
5	我国统计学研究的知识图谱分析	杨国立	统计研究	2012
6	社会统计学 30 年发展与若干前沿问题	张迎春	统计与信息论坛	2011
7	国际著名统计学家方开泰教授做客“中国统计科学前沿论坛”	亢大麟	统计与信息论坛	2011
8	一本了解统计学发展前沿的好书——范剑青、H. L. Koul 合编《统计学进展》简介	龚凤乾	统计研究	2009
9	《统计学前沿》介绍	朱钰	统计与信息论坛	2007
10	聚焦统计学发展前沿——访“2006 统计学国际论坛”组委会主席袁卫	马士龙;张来成	数据	2006
11	关于统计学建设几个热点问题的思考	杨廷干	统计与信息	1998
12	1989—1993 年国外医学统计学核心期刊与热点问题浅析	郭继军;张文玉;魏良;柳丽	中国卫生统计	1994

在这 12 篇文献中，张迎春主要阐述了我国社会统计学的历史发展、研究范围、教材发展和社会统计学的三个研究前沿，即非市场服务统计前沿、劳动力统计前沿和贫困统计前沿。杨国立通过信息可视化软件 CiteSpace 分析中文社会科学引文索引（CSSCI）1998—2010 年的统计学来源文献，得到统计学研究前沿图谱和热点图谱。叶明确等利用 Endnote 软件基于 Web of Science① 和 CNKI 中国知网数据库近五年的中外文文献，对国内外统计学研究的整体和前沿趋势做了对比分析，发现我国统计学研究偏重应用，理论研究逊于国外的现状。针对此现状他们提出了五点启示：一是学科建设要放眼长期，二是人才培养要与国际接轨，三是加强理论与方法研究，四是加快生物医药统计学的发展，五是加强对数据问题、贝叶斯和高维分析的研究。陈静等利用 CiteSpace 可视化软件分析了 CSSCI（2000—2011 年）的统计学来源文献，得到了作者合作图谱、关键词共现图谱及文献共被引图谱，并从中分析得出统计学研究的热点、前沿以及作者合作团队。徐润华等通过 CiteSpace 分析了 CSSCI（2000—2011 年）的统计学来源期刊文献，仅从关键词共现图谱中分析得出这个时间段内每两年出现的研究热点。田茂再介绍了大数据时代下 10 个复杂大时空数据统计建模的研究热点：①空间数据的高斯预测过程模型；②基于刻度混合正态分布链的二值响应变量状态空间混合模型；③空间计数数据中的零膨胀模型；④空间零膨胀泊松回归模型；⑤零膨胀时空过程建模；⑥生态零膨胀计数数据的贝叶斯时空建模；⑦环境数据时空零膨胀计数模型；⑧气候预测模型；⑨分层贝叶斯时空模型；⑩时空数据的联合复合似然估计。

笔者在 2023 年 2 月 15 日，在中国知网“中国学术期刊网络出版总库”中检索，检索 2015—2022 年主题为“文本挖掘”的研究，检索结果为 2 154 条（图 1.2）。这八年间的发文量是 2005—2014 年十年发文量的近两倍。文本挖掘的研究热度和研究成果逐年递增。

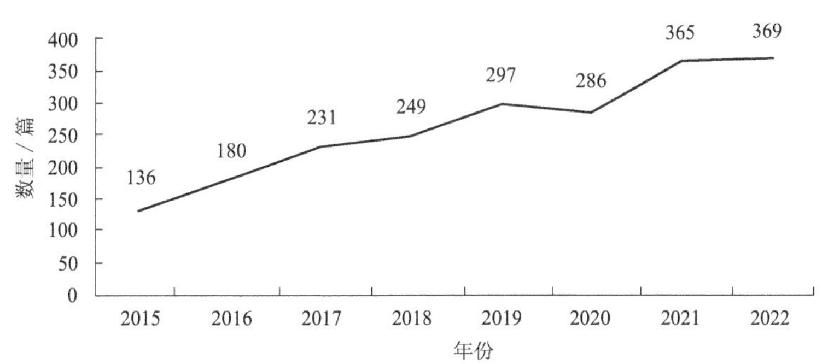

图 1.2 国内“文本挖掘”的发文量趋势（2015—2022 年）

笔者在 2023 年 2 月 15 日，以时间范围为“2016-01-01”到“2022-12-31”，按照主题为“统计学”+“知识图谱”、“统计学”+“前沿”和“统计学”+“热点”检索得到最具相关性的 13 条记录（表 1.2）。

① Web of Science（WOS）是由 Clarivate Analytics（科睿唯安，原汤森路透-知识产权与科技）开发的信息服务平台，支持自然科学、社会科学、艺术与人文学科等的文献检索。

表 1.2 2016—2022 年关于统计学前沿热点的研究文章

序号	题名	作者	来源	来源库	发表年度
1	新中国统计学热点与发展阶段演变研究	王启辉；东方社岐；张萌	现代营销（下旬刊）	期刊	2022
2	基于 LDA 模型的统计学热门主题挖掘及知识图谱分析	肖明；商慧语；肖毅；廖莉莉	华中师范大学学报（自然科学版）	期刊	2022
3	近二十年统计学领域研究的可视化分析	南雪琪	统计与管理	期刊	2020
4	我国医学统计学课程研究热点及趋势的知识图谱分析	李静；朱继民；武松	中国卫生统计	期刊	2020
5	关键词时间分布特征视角下的研究前沿探测研究	毕奕侃；韩毅	西华大学学报（哲学社会科学版）	期刊	2020
6	从统计学 CSSCI 期刊发文看统计学研究热点与方法——基于 2007—2017 年统计学 CSSCI 期刊的文献分析	马立平；高祺	中国统计	期刊	2019
7	基于国家社科基金统计学领域项目成果分析	王飞；梁继文	西南民族大学学报（人文社科版）	期刊	2017
8	大数据时代统计学重构研究中的热点问题剖析	张世文	现代经济信息	期刊	2017
9	基于期刊论文的统计学科研究现状及热点趋势挖掘分析	高祺	首都经济贸易大学	硕士论文	2020
10	基于文本内容分析的我国统计学学科主题及发展规律研究	周多芳	江西财经大学	硕士论文	2020
11	基于文本挖掘的我国统计学领域研究现状分析及热点发现	韩书彩	首都经济贸易大学	硕士论文	2019
12	我国统计学科 SCI/SSCI 研究文献计量与可视化分析	陈协玲	暨南大学	硕士论文	2019
13	统计学发展历史、现状及趋势分析	汪季雪	云南大学	硕士论文	2018

王启辉等利用 CiteSpace 软件对研究主题、文献关键词以及发展历程进行知识图谱的可视化分析，发现“大统计”学科逐步建立起来的同时，统计学领域的相关研究也开始走向繁荣，出现了统计学理论与应用研究、统计教学与改革，以及与经济学、医学、教育学、地质学、卫生学、生物学等多学科领域的交叉研究。近年来，大数据的兴起使得数据挖掘技术的开发、新型统计人才的培养成为现代统计领域的热点主题。

肖明等运用 LDA 主题模型及共现网络模型对统计学热门主题、演化趋势及主流研究方法等指标进行分析，得出统计学领域持续关注的热门主题是经济增长、面板数据、货币政策、聚类分析、指标体系等，研究方法上则大量采用结构方程模型和分位数回归法，大数据已经成为近年来新增的高频词。

马立平、高祺基于 R 语言分别使用词云图和基于共词分析的多维尺度分析两种方法，总结出近十年国内统计学期刊发文的热点内容及研究方法变化趋势，以及不同刊物的侧重点。

王飞、梁继文的研究结果显示，国家社科基金项目数量大体呈逐年增长趋势，且一般项目及青年项目居多，多数由高校承担且大部分为财经类院校。他们利用 CiteSpace 对 1999 年至 2015 年统计学领域成果论文的研究热点及研究前沿进行了挖掘并得出研究演化过程。

高祺的硕士学位论文《基于期刊论文的统计学科研究现状及热点趋势挖掘分析》检索了 2009—2019 年 CNKI 数据库中所有统计学科对应高校教师发表的中文文献，获取到 49 所高校和科研机构的统计学科在职教师与科研人员发文的题录数据，使用 R 语言进行数据清洗并绘制描述性统计图表，使用 Python 构造共词矩阵，使用 NetDraw 与 CiteSpace 进行关键词的网络可视化，得出 13 个关键词作为学科研究前沿的推测：模糊综合评价、大数据、BP（反传）神经网络、灰色预测、VAR（自变量自回归）模型、多元线性回归、PM2.5（细颗粒物）、层次分析法、城镇化、机器学习、熵值法、溢出效应和货币政策。

周多芳采取定性和定量相结合的方法分析了统计学学科研究的现状、热点和主题演进情况。韩书彩利用 Python 爬虫技术获取统计学领域 2016 年至 2018 年的高水平文献 4 605 篇，分析得出我国统计学领域的研究现状：中文文献数量递减，英文文献数量递增；高校是统计学研究的主力军；期刊文献的引用率远高于学位论文等。运用共词分析方法以年为时间节点对文献关键词进行了聚类分析，得出这三年国内统计学领域的主要研究内容，涉及经济、民生、大数据、统计方法研究和数据处理。运用 LDA 主题模型，发现中文文献以经济发展和民生问题为主要的研究方向，英文文献以社会问题和环境问题为主要的研究内容。

陈协玲采用高频关键词统计、主题模型、关键词共现与聚类方法、词云技术等多种统计分析方法对我国统计学科国际化研究进行研究热点分析。得出我国统计学研究人员所发表的 SCI（科学引文索引）/SSCI（社会科学引文索引）论文研究关注的重点是模糊理论（fuzzy theory）和随机理论（stochastic theory）。研究主题还包括模糊控制（fuzzy control）、生物统计学（biostatistics）、水数据分析（water data analysis）等。模型和回归是研究中使用最多的关键词，我国统计学研究人员所发表的 SCI/SSCI 论文中高频使用的关键词还包括渐进正态性、后向随机微分方程、分类、模型、推理、回归、极限定理等。

相关统计学前沿的著作有吴喜之和马景义的《现代统计研究丛著：数据挖掘前沿问题》、叶明确的《统计学学科前沿研究报告》、陈梦根的《经济统计若干前沿问题研究》等。

1.2.2 国外研究现状

笔者在 2016 年 3 月 17 日，以主题为“text mining”在 Web of Science 数据库核心合集中检索到 2005—2014 年的文章共有 5 802 篇。发文量呈现逐年增长的趋势（图 1.3）。国外研究文本挖掘的人群和机构比国内要多。研究方向主要集中在计算机科学（computer science）、工程学（engineering）、生物化学（biochemistry）、分子生物学（molecular biology）、医学信息学（medical informatics）、信息科学（information science）、图书馆学（library science）、基因遗传学（genetics heredity）、生命科学（life science）、生物医学（biomedicine）等学科领域。可见，国外文本挖掘的研究主要集中在计算机和信息领域，主要应用于医药科学、基因研究、生化研究等方面。世界范围内发文量较多的国家主要有美国、英国、中国、日本和德国，可见我国在文本挖掘方面的研究已经得到国际学术界的认可。

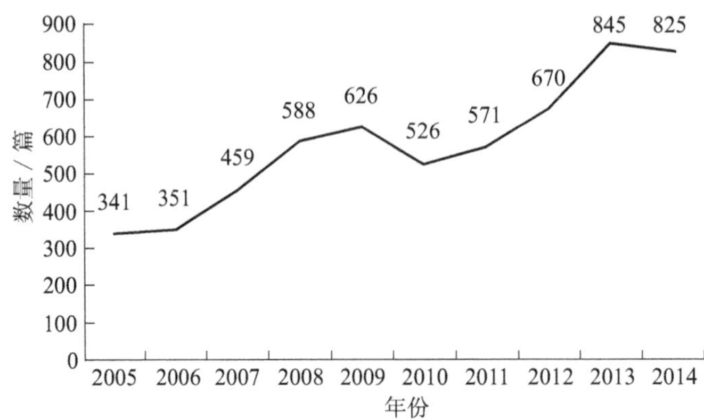

图 1.3　国外"文本挖掘"的发文量趋势（2005—2014 年）

当然，这样的检索会遗漏掉很多与文本挖掘相关的研究文献，比如主题为"text classification"（文本分类）、"text clustering"（文本聚类）、"knowledge discovery"（知识发现）、"knowledge mapping"（知识图谱）、"association"（关联规则）、"trend detecting"（趋势探测）等的相关文献。但可以大致上反映出文本挖掘的研究现状。

基于 PQDD（ProQuest Digital Dissertations）国外博硕论文数据库，检索国外研究文本挖掘的博士论文。笔者在 2016 年 3 月 17 日，以主题为"text mining"进行检索，2005—2014 年这一主题的博士论文共 221 篇。主要研究领域为计算机理论及技术应用、信息学、传播与艺术、医学、生物学等，也有一些关于社会科学、文学、语言学、环境科学等领域的相关应用研究。

近些年来，有关统计学前沿的著作主要有以英文出版海内外发行的 Jianqing Fan 和 Hira L. Koul 合著的 *Frontiers of Statistics*（2006），Jianqing Fan 和 Xihong Lin 的 *New Developments in Biostatistics and Bioinformatics*（2009），马双鸽和王跃东的《生物统计及生物信息学前沿（英文版）》（2009），Tony Cai 和 Xiaotong Shen 的 *High-dimensional Data Analysis*（2010），Ingrid van Keilegom 和 Paul W. Wilson 的 *Exploring Research Frontiers in Contemporary Statistics and Econometrics: A Festschrift for Léopold Simar*（2011），Committee on the Analysis of Massive Data 和 Committee on Applied and Theoretical Statistics 的 *Frontiers in Massive Data Analysis*（2013）。

笔者在 2023 年 2 月 16 日，以主题为"text mining"在 Web of Science 数据库核心合集中检索到 2015—2022 年的文章共有 14 399 篇（图 1.4）。这八年的发文量是 2005—2014 年十年间发文量的两倍多。2015 年发文量最少，为 1 343 篇；2021 年发文量最多，为 2 073 篇。八年间发文量整体呈现逐年上升趋势。

研究主要集中在计算机科学（computer science）（8 114 篇）、工程学（engineering）（3 218 篇）、电信（telecommunications）（1 032 篇）、商业经济学（business economics）（869 篇）、科学技术其他主题（science technology other topics）（701 篇）、图书情报学（information science and library science）（690 篇）、数学计算生物学（mathematical computational biology）（623 篇）、医学信息学（medical informatics）（615 篇）等学科领域。可见，近八年来，国外文本挖掘的研究主要集中在计算机科学、工程学、电信、信息技术等领域，应用主要在商业、经

济、医药科学、生化研究等方面。世界范围内发文量第一的国家是中国，超过了八年前的美国和英国，发文量排在第二的是美国，印度、英国、韩国紧随其后。

图 1.4 国外“文本挖掘”的发文量趋势（2015—2022 年）

1.3 研究方法与技术

本书采用定量研究和定性研究相结合的方法。首先，用文献计量法采集数据并对统计学发展和研究现状进行初步分析；其次，用文本挖掘的方法和技术分析研究了国内外近十年来的统计学研究热点和前沿，并通过信息可视化软件将研究结果以知识图谱的形式呈现出来，方便理解和应用。

具体研究中涉及的主要研究方法和技术如下。

首先，用文献计量分析法采集数据并对数据进行初步分析，主要对国外数据和国内数据从文献计量指标（如载文量的时间分布、国家（或机构）分布、基金资助论文比、高被引作者和高被引论文）进行描述性统计分析，从宏观和微观角度初步分析国内外统计学研究的整体现状。

其次，在进行国内外统计学研究的前沿热点分析与研究中，采用了多元统计分析方法，如聚类分析、主成分分析与因子分析、多维尺度分析等，得到样本文献的共词网络和共被引网络。其中，关键词共现网络聚类和文献共被引网络聚类用到了词频分析和引文分析的方法。

最后，在对得到的网络进行连线强度的计算、聚类和聚类标注、网络剪枝、找出关键点、探测突变词和发现关联规则等的过程中用到了社会网络分析中的很多算法。

所以，研究过程是多种研究方法和技术的综合应用，在第 2 章中对多种研究方法进行了分析和比较。

1.4 研究思路及结构安排

研究思路见图 1.5。

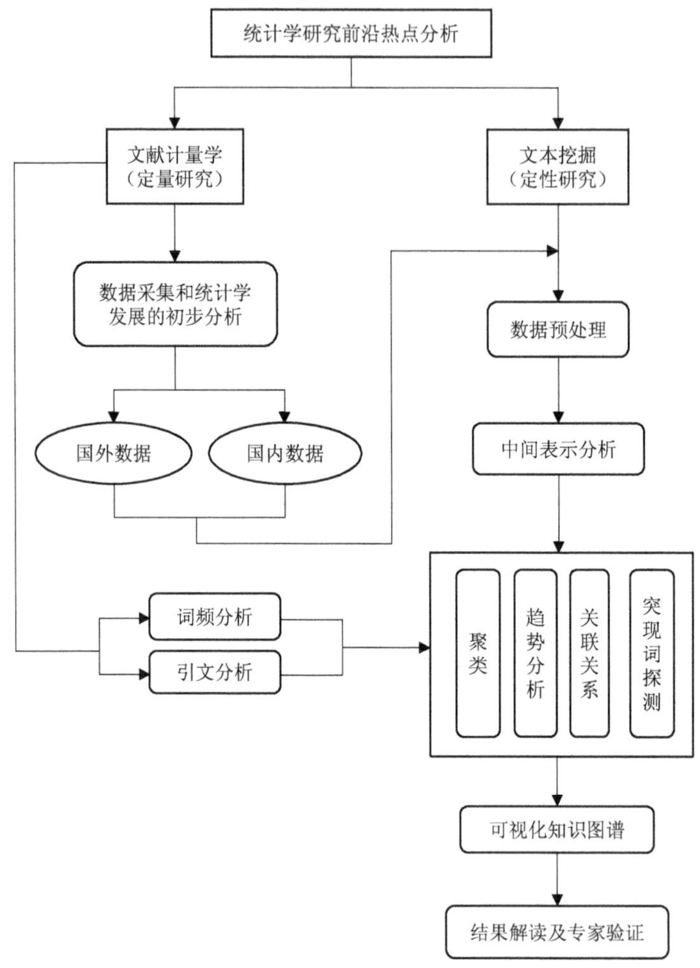

图 1.5　本书研究思路

本书共分为六个章节，结构如下。

第 1 章：概述。概述部分是一个提纲挈领的部分，阐明笔者编写本书的原因和动机（为什么研究该选题）、思路和方法（怎样进行研究）以及得出研究结果的过程和结果呈现（结论是什么）。本章主要包括五个方面的内容，分别为本书选题的研究背景和研究意义，国内外的研究现状和发展趋势，本书主要用到的研究方法和技术，本书的章节层次和研究内容，以及本书的创新之处。

第 2 章：数据采集的来源选择与研究方法的比较分析。首先，就数据采集的来源选择进行介绍，主要分为国外数据来源的 Web of Science（WOS）的 SCI（科学引文索引）数据库和国内数据来源的 CNKI 和 CSSCI（中文社会科学引文索引）数据库中统计类期刊的选择。然后，对本书采用的主要研究方法进行了比较分析和研究，阐明文本挖掘方法和技术在发现统计学前沿热点上的应用，词频分析、引文分析和多元统计分析方法在关键词聚类和文献共被引聚类中的优势和不足。所以，本书进行的研究是多种研究方法的综合应用。

第 3 章：统计学的发展及研究现状分析。本章首先对国内外统计学的建设和历史发展以及国内外统计学科划分的差异进行了简要阐述，以期对统计学发展历程和学科发展趋势有一个整体的认识和把握，为第4章和第5章的统计学前沿热点分析铺垫统计学发展历史脉络、理论基础和学科划分等知识基础。接下来，基于 Web of Science 数据库对统计学研究现状进行了初步分析，主要是统计学研究的趋势、学科领域以及基于 ESI(基本科学指标数据库)的方法论得到的在统计学研究方面最具影响力的国家和研究机构。

第4章：基于国外期刊的统计学前沿热点分析。本章的数据样本是国外的3种权威统计学期刊：*Statistical Science*、*Annals of Statistics* 和 *Journal of the American Statistical Association*。首先，基于 WOS 数据库对这些期刊文献的载文量、国家、发文机构、资助基金、发文作者等进行统计分析，列出了这些期刊的高被引论文。接下来，对这3种期刊 2005—2014 年的 2 588 篇文献和 2015—2022 年的 2 537 篇文献进行了共词聚类分析和文献共被引分析，得到关键词共现网络图谱的聚类视图和时区视图，以及文献共被引网络图谱的聚类视图和时间线视图，将国外统计学研究的主题演进趋势、研究热点和研究前沿直观地展现出来。

第5章：基于国内期刊的统计学前沿热点分析。本部分首先基于 CNKI 对国内4种统计类核心期刊(《统计研究》《数理统计与管理》《统计与决策》《统计与信息论坛》)的统计学文献的时间和空间分布，即载文量、发文机构、资助基金和发文作者等进行统计分析，以了解我国统计学研究的基本情况。从每种期刊最近十年发表的论文中按照被引频次挑选出最受关注的前10篇高被引论文，从这4种期刊的40篇高被引论文反映的内容可以挖掘出这些年来统计学研究的热点主题。然后，对 2005—2014 年的 3 826 篇和 2015—2022 年的 1 511 篇 CSSCI 统计学来源文献进行了共词聚类分析和文献共被引分析，得到关键词共现网络图谱的聚类视图和时区视图。从文献共被引网络图谱的聚类视图中总结出了国内统计学的研究前沿领域和前沿文献，将国内统计学研究的主题演进趋势和热点前沿直观地展现出来。

第6章：结语。结语是本书的收官部分。结语是对全书的总结，总结了国内外研究结果的差异，总结了研究过程中存在的不足之处，阐述本研究的应用前景和研究价值。最后，对未来的发展和研究进行了展望。

本书将以国内外统计学研究的前沿热点为研究对象，利用文献计量学的相关理论方法采集一定数量的来源文献作为样本数据，用文本挖掘技术从这些相关文本中挖掘出国内外统计学研究的前沿热点，并利用信息可视化软件将分析结果以知识图谱的方式直观地展现出来。文献计量学主要是从“量”上限定论文研究所需要的主要文本来源，文本挖掘主要是在文献计量学的理论基础上从“内容”上具体发现这些文本所隐含的相关知识，信息可视化软件主要是从技术上实现分析结果可视化。综上所述，希望本书的研究在数量和质量上能达到相对严谨的效果，并能够以易于理解的、清晰直观的可视化知识图谱的方式将数据分析结果表达出来。本研究在选题、研究方法、数据处理、研究结果表现形式以及实践应用上均具有一定的创新意义。

2 数据采集的来源选择与研究方法技术的比较分析

2.1 国内外数据采集的来源选择

2.1.1 国外数据采集的来源选择

Web of Science 数据库由 Garfield（加菲尔德）于 1955 年创建，现由美国科睿唯安公司负责运营。数据库涵盖了国际上具有较高学术影响力的 12 000 多种一流期刊，是世界上最重要也是最常用的多学科学术文献索引数据库。本书的主要考察对象是期刊论文，国外数据采集于著名的 Web of Science 数据库。

Web of Science 数据库采取的是最为细分的学科分类模式，由 252 个来自自然科学、社会科学与艺术人文领域的学科构成。基于 Web of Science 数据库的"期刊引证报告"（Journal Citation Reports，JCR），从 252 个学科中找出"统计学和概率（Statistics & Probability）"学科，此学科在 2014 年共涵盖 122 种统计学期刊（附录 A-1）。

需要说明的是，从学科分类来讲，由于国内外学科分类存在一定的差异，Web of Science 数据库的学科划分与我国教育部的学科划分存在差异。本书分析的仅是 Web of Science 数据库学科分类中的"统计学和概率（Statistics & Probability）"这一学科，其在 Web of Science 数据库中被划分为自然科学。在国内，统计学又可以分为数理统计和应用统计，应用统计根据其应用范围和领域可以划归为对应的学科，比如经济学、生物学、医学等。所以，本书的国外数据分析仅从 Web of Science 数据库收录的"统计学和概率（Statistics & Probability）"这一的学科的期刊论文角度去考察目前全球统计学发展的概况，并不能囊括所有涉及统计学的学科的全部研究成果，比如著作、项目、专利等科研成果，所揭示的统计学前沿热点。

在这 122 种统计类期刊中，2014 年影响因子排名前 20 位的期刊见表 2.1，它们是全球统计学领域最具学术影响力的期刊，发表在这些期刊上的论文代表着统计学界最权威和最前沿的思想和观点。

表 2.1 国外排名前 20 位的"统计学和概率（Statistics & Probability）"期刊（2014 年）

排序	期刊	JCR 缩写	中文译名（仅供参考）	影响因子（2014）
1	*Statistical Methods in Medical Research*	STAT METHODS MED RES	医学研究中的统计方法	4.472
2	*Econometrica*	ECONOMETRICA	计量经济学	3.889

续表

排序	期刊名称	JCR 缩写	中文译名（仅供参考）	影响因子（2014）
3	*Journal of Statistical Software*	J STAT SOFTW	统计软件杂志	3.801
4	*Journal of the Royal Statistical Society Series B: Statistical Methodology*	J R STAT SOC B	皇家统计学会系列杂志 B:统计方法（英国）	3.515
5	*Statistical Science*	STAT SCI	统计科学	2.738
6	*Biostatistics*	BIOSTATISTICS	生物统计学	2.649
7	*Multivariate Behavioral Research*	MULTIVAR BEHAV RES	多元行为研究	2.477
8	*Chemometrics and Intelligent Laboratory Systems*	CHEMOMETR INTELL LAB	化学（计量）统计学与智能实验室系统	2.321
9	*Journal of Business & Economic Statistics*	J BUS ECON STAT	商业与经济统计杂志	2.241
10	*Annals of Statistics*	ANN STAT	统计年刊	2.180
11	*British Journal of Mathematical & Statistical Psychology*	BRIT J MATH STAT PSY	英国数学与统计心理学杂志	2.167
12	*Stochastic Environmental Research and Risk Assessment*	STOCH ENV RES RISK A	随机环境研究与风险评价	2.086
13	*Fuzzy Sets and Systems*	FUZZY SET SYST	模糊集与系统	1.986
14	*Journal of the American Statistical Association*	J AM STAT ASSOC	美国统计协会杂志	1.979
15	*Probabilistic Engineering Mechanics*	PROBABILIST ENG MECH	概率工程力学	1.855
16	*Statistics in Medicine*	STAT MED	医学统计学	1.825
17	*Technometrics*	TECHNOMETRICS	技术计量学	1.814
18	*Journal of Computational Biology*	J COMPUT BIOL	计算生物学杂志	1.737
19	*Journal of the Royal Statistical Society Series A: Statistics in Society*	J R STAT SOC A STAT	皇家统计学会系列杂志 A:社会统计（英国）	1.643
20	*Statistics and Computing*	STAT COMPUT	统计与计算	1.623

表 2.1 中，2014 年影响因子排在第 1 位的 *Statistical Methods in Medical Research*（影响因子为 4.472,后面括号中的均为该期刊 2014 年的影响因子）是专门针对医学的统计学期刊,说明统计学在医学上的应用是国外最具学术影响力的,科研能力和成果也是首屈一指的。另外一种医学统计学期刊是 *Statistics in Medicine*（1.825）,排在 16 位。

排在第 6 位的 *Biostatistics*（2.649）、第 8 位的 *Chemometrics and Intelligent Laboratory Systems*（2.321）是生物统计学和化学统计学方面的期刊,同类别的期刊还有第 18 位的 *Journal of Computational Biology*（1.737）,说明统计学在生化理学上的应用在国外是非常成熟和普遍的,受到了学者的普遍关注和深入研究。

从排在第 2 位的 *Econometrica*（3.889）、第 9 位的 *Journal of Business & Economic Statistics*（2.241）、第 11 位 *British Journal of Mathematical & Statistical Psychology*（2.167）可以看出,统计学与经济学、商业、心理学等多门文科学科存在交叉应用,显示了统计学与现实经

济管理实践的结合,突出了统计学的实用性。

由于数据采集困难以及篇幅有限,在第 4 章的国外统计学前沿热点分析中,我们取影响因子排名前 20 位的其中的 3 种期刊作为研究样本,这 3 种统计类期刊分别是 *Statistical Science*(2.738)、*Annals of Statistics*(2.180)和 *Journal of the American Statistical Association* (1.979),它们都是统计学类综合期刊。

基于 Web of Science 数据库的 JCR,检索日期为 2022 年 12 月 26 日,笔者从 254 个学科中找出"统计学和概率(Statistics & Probability)"学科,检索到 2022 年该学科共涵盖了 125 种 SCIE(科学引文索引扩展版)类统计学期刊(附录 A-2)。2022 年影响因子排名前 20 位的期刊见表 2.2。

表 2.2 国外排名前 20 位的"统计学和概率(Statistics & Probability)"期刊(2021 年)

排序	期刊名称	中文译名（仅供参考）	总被引频次	影响因子（2021）
1	*American Statistician*	美国统计学家	9 788	8.325
2	*Annual Review of Statistics and Its Application*	统计年鉴及其应用	1 121	7.917
3	*Journal of Statistical Software*	统计软件杂志	44 606	6.992
4	*Econometrica*	计量经济学	47 762	6.383
5	*Journal of Business & Economic Statistics*	商业与经济统计杂志	8 785	5.309
6	*Biostatistics*	生物统计学	5 158	5.279
7	*Journal of the Royal Statistical Society Series B:Statistical Methodology*	皇家统计学会系列杂志 B-统计方法(英国)	34 404	4.933
8	*Annals of Statistics*	统计年刊	30 195	4.904
9	*Fuzzy Sets and Systems*	模糊集与系统	19 849	4.462
10	*Stata Journal*	Stata 杂志	8 007	4.45
11	*Journal of the American Statistical Association*	美国统计协会杂志	50 865	4.369
12	*Chemometrics and Intelligent Laboratory Systems*	化学计量学与智能实验室系统	12 344	4.175
13	*Statistical Science*	统计科学	8 735	4.015
14	*Stochastic Environmental Research and Risk Assessment*	随机环境研究与风险评估	5 920	3.821
15	*IEEE-ACM Transactions on Computational Biology and Bioinformatics*	IEEE-ACM 计算生物学和生物信息学汇刊	5 332	3.702
16	*Bayesian Analysis*	贝叶斯分析	2 898	3.396
17	*Wiley Interdisciplinary Reviews:Computational Statistics*	Wiley 跨学科评论:计算统计学	3 181	3.282
18	*Multivariate Behavioral Research*	多元行为研究	10 618	3.085
19	*Econometrics Journal*	计量经济学杂志	1 747	3.071
20	*Biometrika*	生物统计学	28 961	3.028

2021年影响因子排名前20位的期刊和2014年相比变化较大,只有9种期刊重复。但是,本书第4章选为研究样本的3种期刊仍然在前20位,不过,影响因子和排名都发生了变化:*Statistical Science* 影响因子提高至4.015,排名降至第13位;*Annals of Statistics* 影响因子提高至4.904,排名升至第10位;*Journal of the American Statistical Association* 影响因子提高至4.369,排名升至第11位。

2.1.2 国内数据采集的来源选择

国内的数据取自CSSCI数据库,CSSCI遵循文献计量学规律,采用定量与定性评价相结合的方法,从全国2 700余种中文人文社会科学学术性期刊中精选出学术性强、编辑规范、影响力大的期刊作为来源期刊。CSSCI(2014—2015年)来源期刊共有533种,统计学来源期刊有4种,分别是《统计研究》《数理统计与管理》《统计与决策》和《统计与信息论坛》[①](表2.3)。

表2.3 国内最具学术影响力的4种统计学期刊

刊名	主办单位	创刊时间	周期	收录情况	复合影响因子	综合影响因子
统计研究	中国统计学会;国家统计局统计科学研究所	1984年	月刊	PKU,CSSCI	2.264	1.369
数理统计与管理	中国现场统计研究会	1982年	双月刊	PKU,CSSCI,CJCR,CSCD	1.492	0.847
统计与信息论坛	西安财经学院;中国统计教育学会高校分会	1986年	月刊	PKU,CSSCI	1.186	0.647
统计与决策	湖北省统计局统计科学研究所	1985年	半月刊	PKU,CSSCI	0.844	0.401

注:PKU为中文核心期刊要目总览(2014);CSSCI为中文社会科学引文索引(2014—2015);CJCR为中国科技期刊引证报告(2013);CSCD为中国科学引文数据库(2010)。

CSSCI(2021—2022年)来源期刊共有583种,统计学来源期刊仍然是前面提到的4种。但是,中国知网检索到的4种期刊的复合影响因子和综合影响因子都发生了变化:《统计研究》复合影响因子为6.167,综合影响因子为3.97;《数理统计与管理》复合影响因子为3.198,综合影响因子为1.658;《统计与信息论坛》复合影响因子为3.045,综合影响因子为1.717;《统计与决策》复合影响因子为3.034,综合影响因子为1.431。

2.2 研究方法技术的比较分析

本书主要采用的方法和技术有:文本挖掘,包括引文分析和词频分析在识别统计学前沿热点中的应用;多元统计分析方法,主要包括聚类分析、主成分分析与因子分析、多维尺度分析等在关键词共现聚类和文献共被引聚类中的应用;信息可视化技术支持下的知识图谱描绘法;所得结果的专家验证法。

以下将对这些具体方法的理论体系、基本特点和应用优势等进行对比分析,并对本书所

① 曹艳峰,马立平.《统计与信息论坛》学术影响力分析[J].统计与信息论坛,2015,30(179):69-73.

采用的信息可视化软件 CiteSpace 进行简要介绍。

2.2.1 用文本挖掘的方法和技术分析统计学前沿热点

文本挖掘又可以称为文字知识发掘(knowledge discovery from text,KDT)或文件信息探勘(document information mining),其应用了信息检索、信息萃取、计算语言学、自然语言处理、数据挖掘等知识和技术①。所以文本挖掘是一个跨学科的交叉研究领域,涉及数据挖掘、机器学习、统计学、自然语言处理、可视化技术、数据库技术等多个学科领域的知识和技术②。

可以说,文本挖掘是数据挖掘的一种特殊形式,不同于一般的数据挖掘处理的是结构化数据,文本挖掘的处理对象是特定的文本数据即非结构化数据。因而,文本挖掘的第一步是对文本数据进行预处理,对要分析的非结构化数据进行特征抽取,把文本处理成数据挖掘工具和技术能够使用的格式。

一个完整的文本挖掘过程一般包括数据采集、数据预处理、模式挖掘、模式评价等多个步骤(图 2.1):首先是文本数据预处理中的分词、特征表示、特征提取技术和文本分类等过程;接下来是关键步骤,挖掘过程中的文本聚类、关联规则抽取、语义关系分析、趋势预测等知识发现以及挖掘结果的可视化;最后,对分析结果的评价,包括根据自己的知识经验做出判断或求助于相关专家进行专业验证,如果出现偏差就需要重新对数据采集、预处理、挖掘分析以及可视化等过程进行检查,找出可能存在的错误操作或不合适的参数功能设置等,然后重新进行以上步骤直到得出满意的结果。

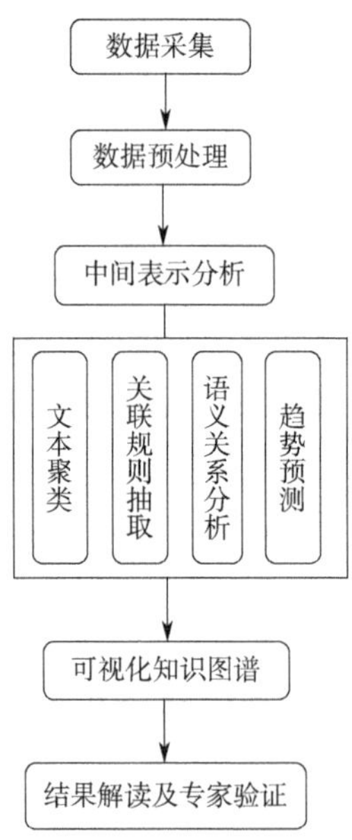

图 2.1 文本挖掘过程

① 韦斯,张潼,因杜尔亚. 预测性文本挖掘基础[M]. 赵仲孟,侯迪,译. 西安:西安交通大学出版社,2012:推荐序.

② 郭金龙,许鑫,陆宇. 人文社会科学研究中文本挖掘技术应用进展[J]. 图书情报工作,2012,56(8):10.

2.2.2 词频分析和引文分析在挖掘统计学热点前沿中的应用

人们对文献定量化的研究，可以追溯到 20 世纪初。1917 年，F. J. 科尔和 N. B. 伊尔斯首先采用定量的方法，研究了 1543—1860 年所发表的比较解剖学文献，对相关图书和期刊文章进行统计，并按国别加以分类。1923 年，E. W. 休姆提出“文献统计学”一词，并解释为“通过对书面交流的统计及对其他方面的分析，观察书面交流的过程及某个学科的性质和发展方向”。从此起源于目录学的文献计量研究不断发展，并创建了洛特卡定律、布拉德福定律和齐普夫定律三大文献分布规律，以及文献量变规律和引文规律，不过当时文献计量学并没有作为一门独立的学科而存在。直到 1969 年，文献学家 A. 普里查德提出用文献计量学代替文献统计学，他把文献统计学的研究对象由期刊扩展到所有的书刊资料，并将文献计量学定义为“把数学和统计学用于图书和其他文字通讯载体的科学”[①]。

著名图书情报专家邱均平教授将文献计量学（bibliometrics）定义为：“以文献体系和文献计量特征为研究对象，采用数学、统计学等的计量方法，研究文献情报的分布结构、数量关系、变化规律和定量管理，并进而探讨科学技术的某些结构、特征和规律的一门学科。”[②] 它是集数学、统计学、文献学为一体，注重量化的综合性知识体系，是一门交叉学科。

本书基于文献计量学的理论基础进行研究，利用在此基础上发展起来的引文分析和词频分析开展对国内外统计学研究的发展现状、热点动态和前沿领域等的研究工作。

邱均平教授曾对文献计量分析法的方法体系做出这样的概况总结，他认为文献计量分析法的方法体系主要由统计分析法、数学模型分析法、引文分析法、词频分析法、共现分析法、聚类分析法和计算机辅助信息计量分析法等组成[③]。所以，文献计量分析法包括传统的引文分析法和词频分析法，也包括后来随着统计学和计算机技术的发展而发展起来的多元统计分析法和信息可视化技术支持下的知识图谱描绘方法。

2.2.2.1 利用词频分析和共词聚类分析挖掘统计学研究热点

词频（term frequency，TF）指的是某一个给定的词语在文献中出现的次数。

1948 年，美国哈佛大学教授、著名语言学家和情报学家乔治·金斯利·齐普夫（George Kingsye Zipf）在验证前人有关词频分布规律的成果的基础上提出了齐普夫定律（Zipf's Law），也称最省力法则（the principle of least effort），这一研究成果于 1949 年以专著的形式正式出版[④]。齐普夫定律揭示了文献中词汇出现频率的分布规律，在图书情报领域有着重要的意义，是文献计量学的基本定律之一。

该定律指出文章中某一词语的频次（f）与其排列的序号（r）之间存在着定量关系：如果有一个包含 n 个词的文章，将这些词按其出现的频次递减排序，那么序号 r（r=1，2，3，⋯，n）和其出现频次 f 之积 fr，将近似地为一个常数，即 $fr=C$（$0<C<0.1$），这个规律就是齐普夫定律（或称齐普夫第一定律）。

后来，又出现了在此公式基础上改进发展的双参词频分布规律、三参词频分布规律以及

① 罗式胜. 文献计量学概论[M]. 广州：中山大学出版社，1994.

② 邱均平. 文献计量学[M]. 北京：科技文献出版社，1988.

③ 邱均平，王曰芬. 文献计量内容分析法[M]. 北京：国家图书馆出版社，2008.

④ 邱均平. 信息计量学（九）第九讲 文献信息引证规律和引文分析法[J]. 情报理论与实践，2001（3）：236-240.

齐普夫第二定律，词频分布规律得到了进一步完善。

词频分析方法是利用能够揭示或表达文献核心内容的关键词或主题词，按其在某一研究领域文献中出现的频次高低来确定该领域研究热点和发展动向的文献计量方法[①]。但是，由于单个词表达的意思比较单薄，一个主题往往由多个关键词或主题词共同表达完整，而且有时单个词出现的频率高低与自身的含义相关，比如泛指的词（文献、信息、技术等），有时低频词可能是突然出现的新兴的热点，因而单纯用词频无法准确表达所研究主题的前沿，揭示出当下的研究热点。

共词分析（co-word analysis; co-term analysis）则是在词频分析的基础上，克服词频分析的不足，进一步被研究者创新出来的文献计量学分析方法。最早在 1983 年由卡隆（Callon M）等使用[②]，1986 年卡隆和劳（Law J）、里普（Rip A）出版了 *Mapping the Dynamics of Science and Technology*[③]，被称为“LEXIMAPPE”，受到研究者的广泛关注。

共词分析属于内容分析法，是对一组词两两统计它们在同一篇文献的标题、摘要或关键词中出现的次数，以此为基础对这些词进行聚类分析，从而反映出这些词之间的亲疏关系。两个词汇同时出现的次数越多，说明这两个词汇的关系越密切，继而分析这些词所代表的学科或主题的结构与变化。法国和荷兰是共词分析研究的主要聚集地，Callon、Law、Courtial、Bauin、Leydesdorff、Raan 的研究代表了共词分析的主流。

用于共词聚类分析的关键词或主题词一般都是高频词，较少为低频词。基于高频词的共词聚类分析，从理论上讲比共引聚类的时效性要好，便于及时发现热点主题的增长态势和变化趋势，但集中于高频词的分析有时会漏掉隐藏在低频词中的热点，致使这部分热点难以被及早捕捉到。

基于这一问题，2002 年克莱因伯格（Kleinberg）[④] 提出了监测低频词突然在某个时间增长、活跃而形成的爆发词的算法，以期及早发现潜在的、在后期可能成长为研究热点的低频词显示的主题。这样就弥补了只考察高频词而漏掉了部分潜在热点的缺陷，使得那些不在词频阈值范围内的突然增长的爆发词揭示的热点进入科学家的研究范围内。

但是，这些爆发词是否就是当下的研究热点或即将成为研究热点，与比较成熟的高频词聚类分析方法怎样结合，以及对未来科学发展有没有长期的研究价值等等都是需要持续关注的问题。因而，在爆发词监测时必须考虑时间因素和科学发展背景及未来趋势等诸多因素。

本书主要通过对统计学来源期刊文献的高频词进行统计分析和探测爆发词来揭示国内外统计学的研究热点。

2.2.2.2 通过引文关系挖掘统计学研究前沿

引文分析（citation analysis）是利用数学及统计学的方法和比较、归纳、抽象、概括等逻辑方法，对科学期刊、论文、著者等各种分析对象的引证与被引证现象进行分析，进而揭示其

① 马费成，张勤. 国内外知识管理研究热点：基于词频的统计分析[J]. 情报学报，2006，25（2）：163-171.

② CALLON M，COURTIAL J P，TURNER W A，et al. From translations to problematic networks networks: an introduction to co-word analysis[J]. Social science information，1983，22（2）：191-235.

③ CALLON M，LAW J，RIP A. Mapping the dynamics of science and technology[M]. London：Macmillan，1986.

④ KLENBERG J. Bursty and hierarchical structure in streams[C]. Proceedings of the 8th ACM SIGKDD International Conference on Knowledge Discovery and Data Mining，2002：1-25.

中的数量特征和内在规律的一种文献计量分析方法[①]。

根据不同的角度和标准划分，引文分析方法有着不同的类型。

从获取引文数据的方式来看，引文分析方法有直接法和间接法之分。前者是直接从来源期刊中统计原始论文所附的被引文献的数量，从而取得数据并进行引文分析的方法。后者则是通过 SCI、SSCI、JCR、CSCD、CSSCI 等引文分析工具，查得引文数据再进行分析的方法。

从文献引证的相关程度来看，引文方析方法有自引分析、双引分析、三引分析等类型。

从分析的出发点和内容来看，引文分析方法大致有三种基本类型。①从引文数量上进行研究，主要用于评价期刊和论文。②从引文间的网状关系或链状关系进行研究（如共现分析），科技论文之间存在着一种引文关系网，如文献 A 被文献 B 引用，文献 B 被文献 C 引用，文献 C 又被文献 D 引用，研究它们的关系主要用于揭示科学的发展与联系，并展望未来的发展前景。③从引文反映的主题相似性方面进行研究，主要用于揭示学科的结构和进行文献检索等。

此外，从引文的其他不同特征出发，还可以派生出许多类型的引文分析。例如，从引文的语种、国别、年代、作者等角度进行引文分析。

在本书的研究中，主要通过国外 Web of Science 数据库的 SCI 和国内的 CSSCI 检索国内外统计学期刊文献的引文信息，然后进行文献共被引网络分析，得出聚类视图和时间线视图，用以揭示统计学研究的知识源流和前沿领域。

下面对研究中用到的引文关系挖掘进行比较分析。

在引文分析中，文献耦合（bibliographic coupling）和文献共被引（又称“同被引”，co-citation）是两个后来被提出的反映文献之间密切关系的概念，分析文献耦合关系和耦合强度可以发现该领域的研究前沿，即施引文献展现的内容。而在文献共被引分析中，高被引的文献聚类也可以显示出当前的研究热点，即被引文献展现的内容。

1. 文献耦合

文献耦合是由美国麻省理工学院的凯斯勒（Kessler）教授于 1963 年提出的[②]，他在对《物理评论》（*Physical Review*）期刊进行引文分析研究时发现，越是学科、专业相近的论文，它们引用的参考文献中的相同文献的数量就越多。于是，他把两篇同时引用一篇或多篇相同论文的论文称为“耦合论文”（coupled papers），把这两篇论文之间的关系称为文献耦合。两篇论文引用相同参考文献的数量即为耦合强度，也就是说两篇文献引用了一篇相同文献时耦合强度就是 1，当引用了两篇相同文献时耦合强度就是 2。以此类推，两篇文献引用的相同文献的数量越多则耦合强度越大，表示两篇文献（或多篇文献）的关系越密切，在研究主题上越相似。如果多篇文献间具有耦合关系，则构成一个耦合网络。

文献耦合分析有论文耦合、学科耦合、作者耦合、期刊耦合及发文机构耦合等类型。此外，还有文献所属国别耦合、文献语种耦合等类型。文献耦合被广泛应用于情报科学、文献计量学、科学学、未来学等学科领域当中，通常被用来分析相关学科的研究前沿和知识流动趋势。

---

① 邱均平，王曰芬. 文献计量内容分析法[M]. 北京：国家图书馆出版社，2008.

② KESSLER M M. Bibliographic coupling between scientific papers[J]. American documentation，1996，14：10-25.

后来，莫里斯（Morris）等人（2003）用时间线（timeline）方法分析和展现研究前沿[1]。他们在文献耦合聚类的基础上引入时间轴，在图形上展现研究前沿出现和消失的时间、潜在的新兴研究前沿及其重要文献和研究前沿、信息流动等信息。

2. 文献共被引

1973 年，美国情报学家斯莫尔（Small）[2]在对粒子物理学专业进行知识结构描述时，发现两篇论文被同一文献引用的次数可以用来测度其内容相似程度或关系密切程度，随之创造性地提出了共被引的概念和方法体系，并绘制了粒子物理学领域高被引论文的共被引图谱。文献共被引是指两篇论文同时被一篇或多篇论文引用，这两篇同时被引用的论文就形成了共被引关系。通常，以同时引用这两篇论文的文献数量的多少为测度指标，这种测度指标被称为"共被引频次"（co-citation frequency）或"共被引强度"（co-citation strength）。同被引强度越大，表示同时引用这两篇论文的文献越多，说明这两篇论文之间的关系越密切。

共被引分析按照分析对象不同可以分为文献共被引、期刊共被引、作者共被引、学科共被引等。

对某一主题高被引论文的共引聚类进行分析，在一定程度上可以展示这一主题引人注目之处，分析引用这些文献的施引文献可以找到该主题的研究前沿内容。Small 主要利用共引聚类的方法，以 Web of Science 为数据基础，对"增长的领域"进行了大量的实践研究。作为美国科学信息研究所（ISI）的首席科学家，他研究的共引聚类分析方法被用于 ESI 数据库[3]的"Research Fronts"（研究前沿）中。

2.2.2.3 共引聚类和共词聚类的比较分析

在进行共引或共词聚类分析时，首先要构造一个共引或共词矩阵，再对这个矩阵进行类型转换，即对矩阵进行标准化处理，之后就可以进行聚类分析。

两种聚类分析各有利弊，目前越来越多的研究是将两者结合起来共同挖掘研究主题领域的热点前沿。

共引聚类的不足之处在于：首先，数据收集比较费时费力，而且在使用软件分析前需要进行格式转换；其次，众多的相似性计算方法也使得研究者对于在分析时到底使用哪种算法比较纠结；再次，著名的索引数据库大多只对引文的第一作者进行了标注，漏掉了第二作者、第三作者的信息；最后，文献被引的滞后性使得共引聚类分析结果在时效性上要远远逊色于共词分析。

所以，目前利用共词聚类来分析热点主题的研究相对较多，而利用共引聚类来分析热点主题的研究相对较少。

不过，共词分析单纯以关键词或主题词为分析对象，缺乏涉及上下文的语义语境分析，因此分析结果大多为高频词的简单罗列，无法深入、细致、精准地揭示研究热点。

怎样将共引聚类和共词聚类很好地结合起来是进一步研究的课题。

---

① MORRIS S, YEN G, WU Z, et al. Timeline visualization of research fronts[J]. Journal of American society for information science and technology, 2003, 54(5):413.

② SMALL H. Co-citation in the scientific literature: a new measure of the relationship between two documents[J]. Journal of the American society for information science, 1973, 24(4):28-31.

③ ESI（Essential Science Indicators）是基本科学指标数据库，是一个基于 Web of Science 数据库的深度文献分析工具。

2.2.3 多元统计分析方法的选择应用

首先,有必要厘清文献计量学和统计学的关系。

统计学是通过搜索、整理、分析、描述数据等手段,以推断所测对象的本质,甚至预测对象未来的一门综合性科学。其中用到了大量的数学及其他学科的专业知识,它的使用范围几乎覆盖了社会科学和自然科学的各个领域。

可以说,统计学是文献计量学的基础。著名的文献计量学三大定律——洛特卡定律、布拉德福定律和齐普夫定律就是在统计大量的文献数据基础上总结出来的经验规律。在分析科学前沿、文献主题研究热点时,经常用到的词频分析法和共引分析法也主要使用了统计学的理论和方法。正如德国学者斯勒兹所说,"统计是动态的历史,历史是静态的统计"。文献计量学就是一门用数学和统计学的方法研究文献历史、现在和预测文献未来发展趋势的一门科学。

多元统计分析(multivariate statistical analysis)是数理统计学的一个分支,是研究客观事物中多个变量(或多个因素)之间相互关系的一种数据处理方法。20 世纪 50 年代中期,随着电子计算机的发展和普及,多元统计分析得到迅速发展,在地质、气象、标准化、生物、医学、图像处理、经济分析、工程技术等许多领域得到了广泛应用,成为人类认识世界和分析了解世界的一种重要方法,具有很强的实用性。

在科学前沿的研究中,常用的多元统计分析方法主要有聚类分析、主成分分析和多维尺度分析等[①],本书的研究中也主要应用了这些分析方法。

2.2.3.1 聚类分析

聚类分析(cluster analysis)是文献计量研究中经常用到的多元统计分析方法。具体实现分三步进行。

第一步是输入数据样本,进行特征抽取,输出特征矩阵(共现矩阵)。共现矩阵如果存在量纲差异则需要进行标准化处理,某些特征项如作者、机构名称等如果存在著录不规范或重名、缩写等情况也需要进行处理,如进行修改或合并。

第二步是执行聚类算法。把共现矩阵的每一个样本想象成特征变量空间中的一点,定义某种距离计算出空间中所有点的"亲疏程度"。点与点的距离越小,表明关系越亲密,越有可能聚成一类;距离越大,表明关系越疏远,越有可能属于不同聚类。测度完点与点之间的距离,还需要测度不同类别之间的距离,选择聚类方法,输出聚类图谱。

第三步是对聚类图谱进行分析。利用分析者的自身专业知识或求助相关领域专家,对聚类结果进行分析解读,找出其中的关键文献和关键点,从而得到想要的主题研究动态和研究趋势结果。

科学文献挖掘中经常用到的聚类分析方法有层次聚类、*K*-means 聚类以及社会网络聚类等,用欧氏距离、夹角余弦和相关系数等算法来衡量被测对象(如关键词、作者、共被引文献等)的相似程度从而聚类相关的文献,得到想要的研究趋势或研究前沿等分析结果。

① 杨立英,等."科学前沿领域"挖掘的文献计量学方法研究[R].国家科学图书馆青年人才领域前沿项目,2007.

2.2.3.2 主成分分析

主成分分析(principal component analysis, PCA)是将原来具有一定相关性的多个指标,通过线性组合变换成几个完全无关的综合变量,然后根据实际需要从中选取少数几个重要的综合指标,尽可能多地反映原来指标的信息的多元统计分析方法,也称主分量分析。它是针对多指标(或变量)的问题,在尽可能多地保留原数据信息的原则下进行降维的一种解决方法。

主成分分析首先由 K. 皮尔森对非随机变量引入,而后 H. 霍特林将此方法推广到随机向量的情形[①]。在文献计量分析中,主成分分析用来描绘文献特征项的内部关联结构,如作者共被引矩阵中作者之间的合作和共被引,由此发现相关研究主题的学术团队和作者之间的关联,最终揭示科学的体系结构以及科研活动的特征和规律。

2.2.3.3 多维尺度分析

多维尺度(multidimensional scaling, MDS,又译为“多维标度”)分析属于多重变量分析的方法之一,是经济学、社会学、医学、生物学、心理学等统计实证分析的常用方法。

多维尺度分析与聚类分析不同的是,多维尺度分析依靠感知的差异来分组,而聚类分析是将观测到的特征作为分组标准。与因子分析法相同的是,它们都是通过归因于少数几个不相关的特征来减少数据,不同的是多维尺度分析不需要相关性仅通过相似性或距离来分析样本数据。

多维尺度分析将各个变量按照计算出来的相似程度在空间排列起来,输出概念空间图(group plots),从图中可以直观地观察到各变量之间的关系。比如文献共被引矩阵的概念空间图,点与点之间的位置显示了引文之间的相似性,中心位置的点代表的引文与其他点关系密切,处于该研究主题的核心位置,具有非常重要的研究意义;相反地,越是外围的点越孤立,越不重要。

对共词矩阵来讲,聚集在一起的关键词代表着一个研究主题,所有关键词类团反映了该研究领域共有多少个研究主题。类团距离越近代表其研究内容的相关性越强,学术交流越多。

在科学计量研究中,经常将多维尺度分析和聚类分析、主成分分析结合起来展示多维共现矩阵在二维空间的关系。因为多维尺度分析虽然能提供多维数据在二维空间的大致位置,却不能确定各点群的边界和数目,而聚类分析和主成分分析能给出确定的类团成员数量及其归属。将多维尺度分析和聚类分析或主成分分析相结合,把聚类谱系图的结论添加到概念空间图中,可以使所得结果既直观又明确。

2.2.4 信息可视化技术

知识发现是在 20 世纪末出现于知识工程和人工智能领域的一个概念。1989 年首次出现“数据库中的知识发现”(knowledge discovery in database, KDD)这一概念[②]。自 1995 年开

① HOTELLING H. Analysis of a complex of statistical variables into principal components[J]. Journal of educational psychology, 1933(24):417-441, 498-520.

② 邱均平,王曰芬. 文献计量内容分析法[M]. 北京:国家图书馆出版社,2008:63.

始，KDD 组委会决定每年召开一次 KDD 国际学术会议，之后知识发现技术在商业应用领域逐渐发展成熟。知识发现的研究对象主要是数据库中的数据(包括文本或非文本数据)，发现其中潜在的规律和对人类有用的知识。知识发现常用的方法有统计分析法、人工神经网络、决策树以及关联规则等。知识发现的应用领域主要是商业领域，尤其在挖掘潜在用户方面应用广泛，另外在人工智能和知识工程领域也被广泛应用。人工智能和数据挖掘技术推动着知识发现的发展，知识发现将成为知识组织和知识管理的重要工具。

本书旨在从统计的角度，将文本挖掘技术和文献计量分析方法结合起来，并将其应用到具体学科的科学文献研究中。通过国外的 Web of Science 数据库和国内的 CNKI 和 CSSCI 数据库采集统计学期刊文献，挖掘文献中隐含的知识、有用的信息，掌握目前统计学的研究热点和研究前沿，达到知识发现的目的。

知识发现的结果可以用知识图谱的方式直观地表现出来。知识图谱(mapping knowledge domain)又称为知识域可视化或知识领域映射地图，是显示知识发展进程与结构关系的一系列各种不同的图形，用信息可视化技术描述知识资源及其载体，挖掘、分析、构建、绘制和显示知识及它们之间的相互联系。具体来说，知识图谱是把应用数学、图形学、信息可视化技术、信息科学等学科的理论与方法与计量学引文分析、共现分析等方法结合，用可视化的图谱形象地展示学科的核心结构、发展历史、前沿领域以及整体知识架构的多学科融合的一种研究方法①。

所以可以说，知识图谱将传统的文献计量学分析方法和现代的统计分析方法相结合，用信息化技术展示分析结果使其直观地呈现在研究者和读者面前。随着计算机技术的更新换代和飞速发展，各种信息可视化技术软件不断被开发出来，使得海量的信息资源在几分钟甚至几秒钟的时间内就被整理成整齐有序、有主有次、关系清晰、分类明确的可以看得见的一张张漂亮的图片。人们可以从庞杂无序的信息中抽取出自己需要的有用信息，为相关研究奠定准确、专业的知识基础，并可以展示学科网络结构以及分析出相关研究主题的演进趋势和前沿热点。

用于文献计量分析和知识发现的常用可视化软件有 HistCite、CiteSpace、VOSviewer、Thomson Data Analyzer、SCI of SCI、Pajek、PROTEJ、HDDI 等。周晓分等②曾对 10 款科学计量可视化软件(Histcite、CiteSpace、VOSviewer、Pajek 、Bibexcel、Bicomb、NetDraw、SATI、SPSS、Ucinet)进行了详细对比，并且分析了各款软件在数据预处理过程中的差异。田军③对常用的三款文献计量软件 CiteSpace、HistCite 和 RefViz 进行了对比分析。李艳等④对 13 种具有代表性的文献信息分析工具(HistCite、CiteSpace、VOSviewer、SciMAT、SCI of SCI、Pajek、Bibexcel、Bicomb、SATI、Ucinet、GOPubMed、本地 PubMed、PubMedplus)从支持的数据格式、数据预处理、构建的关系矩阵、标准化处理、分析方法、结果的可视化等方面进行比较，总结了各个工具的优势和不足。

这些文本挖掘和可视化的工具有些是进行简单的词频和引文统计的软件，如 RefViz、

① 秦长江，侯汉清. 知识图谱：信息管理与知识管理的新领域[J]. 大学图书馆学报，2009，27(1)：30.

② 周晓分，黄国彬，白雅楠. 科学计量可视化软件的对比与数据预处理研究[J]. 图书情报工作，2013，23：64-72.

③ 田军. 信息可视化分析工具的比较分析：以 CiteSpace、HistCite 和 RefViz 为例[J]. 图书馆学研究，2014，14：90-95，54.

④ 李艳，张悦，曾可，等. 文献信息分析工具的比较[J]. 中华医学图书情报杂志，2015，11：41-47.

SPSS 等；有些则是在分词上比较有优势但词频统计较弱的工具，如 R 语言；有些是比较落伍的引文分析软件，如 HistCite；等等。本书在研读比较文献计量软件的文献的基础上，根据本书的研究目的和数据来源选择了主要用于文献引文分析的信息可视化软件 CiteSpace，用它来识别统计学研究的前沿热点并展现可视化聚类界面。下面对 CiteSpace 的设计理念、概念模型、理论基础以及目前在国内外研究中的应用情况等进行简要介绍。

2.2.4.1 CiteSpace 的设计理念、概念模型和理论基础

CiteSpace 是英国籍华人、美国德雷克塞尔大学（Drexel University）信息科学与技术学院陈超美教授于 2003 年开发的一款可用于分析文献共词和共引关系的信息可视化工具。它是基于 Java 语言的多元、分时、动态的信息可视化技术，目前在国内外诸多领域有着广泛应用。据统计，自 2003 年开发至 2020 年 6 月 18 日，软件已累计更新 575 次[①]。

CiteSpace 的设计理念是“改变看世界的方式”[②]，希望通过绘制科学知识图谱来认识“物理世界”，通过视觉思维来发现“客观知识世界”。

陈超美教授在大连理工大学 WISE 团队的合作者刘则渊教授曾对 CiteSpace 的特征这样概括：“一图展春秋，一览无余；一图胜万言，一目了然。”刘教授还突出强调了视觉思维作为 CiteSpace 的主要思维方式的重要性：“视觉在人类感知外部信息中起绝对主导的作用，图像又是视觉信息的第一要素，但是不能把视觉误解为仅是一种感性认识。视觉思维是从感性视觉，到抽象思维，再到理性直观的螺旋式上升过程；它可以跨越感性视觉，直接把抽象信息与数据变换为可视化的空间结构与知识图谱。”[③]

从“改变看世界的方式”这一设计理念出发，CiteSpace 将引证分析（历时性）和共引分析（结构性）结合起来，创建了从“知识基础”到“研究前沿”的概念模型。

“研究前沿”的概念最早是文献计量学家普赖斯在 1965 年提出的[④]，他用“研究前沿”来描述研究领域的动态本质。普赖斯观察到科学家似乎倾向于引用最新发表的文章，他认为某个领域的研究前沿是由科学家积极引用的最近发表的 40~50 篇文章组成的。

Small 和 Griffith 在 1974 年发表的论文中提出，共被引文章的聚类代表着研究前沿[⑤]。Morris 等绘制了研究前沿时间线（time line）可视图[⑥]，将研究前沿定义为持续被一组固定的、与时间无关的基本文章引用的大量文章。研究前沿的文章是基于文献耦合聚类而成的。2006 年，陈超美将研究前沿定义为一组突现的动态概念和潜在的研究问题，是正在兴起的理论趋势和新主题的涌现[⑦]，并将对研究前沿的认识形态归纳为 3 种：①共被引文献聚类；②共被引文献聚类和所有引用该聚类的文章；③引用共群文章的文献聚类。

而“知识基础”是与“研究前沿”密切相关的另一个概念，分析知识基础有利于明确研究

① 李杰，陈超美. 科技文本挖掘及可视化[M]. 北京：首都经济贸易大学出版社，2022.

② 陈悦，陈超美，胡志刚，等. 引文空间分析原理与应用[M]. 北京：科学出版社，2014.

③ 陈超美. 科学前沿图谱：知识可视化的探索[M]. 陈悦，王贤文，胡志刚，等译. 北京：科学出版社，2014：译序第 ii 页.

④ PRICE D D.Networks of scientific papers[J].Science，1965，149：510-515.

⑤ SMALL H，GRIFFITH B C.The structure of scientific literatures Ⅰ：Identifying and graphing specialties[J]. Science studies，1974：17-40.

⑥ MORRIS S A，YEN G，WU Z，et al. Timeline visualization of research fronts[J]. Journal of the American society for information science and technology，2003，55（5）：413-422.

⑦ 陈超美 .CiteSpaceⅡ：科学文献中新趋势与新动态的识别与可视化[J]. 陈悦，侯剑华，梁永霞，译. 情报学报，2009，28（3）：401-421.

前沿的本质，了解研究前沿的来龙去脉和发展渊源，即研究前沿产生的知识源流所在。所以，在文献计量和文本挖掘中经常将知识基础和研究前沿结合起来研究所关注的课题。

陈超美将这些认识总结为表 2.4。

表 2.4 研究前沿和知识基础的定义

作者	年份	研究前沿	知识基础	聚类	标签
Price	1965	对于一篇指定引文，是由被频繁引用的近期文章（30~50 篇）所组成的动态聚类	未定义	引文的最近行为（recentness）	—
Small, Griffith	1974	共引聚类	未定义	共引	根据从引文中提取出的词集标注的被引文献
Braam, et al.	1991	集中关注的一系列相关问题和概念	共引	词集	—
Garfield	1991	共引聚类与引文的总和	共引	—	—
Persson	1994	引用相同文献的文章	研究前沿的引文映像	共引	由标题词标注的文章
Morris, et al.	2003	持续被一组固定的、与时间无关的基本文章引用的大量文章	固定的、与时间无关的文章群	文献耦合	由人工提取标题词标注的聚类
陈超美		正在兴起的理论趋势和新主题的涌现	共引网络	共被引文章和引用这些文章的术语的复合网络	从题目、摘要中提取的专业术语和出现频率突然增加的专业术语

陈超美在开发 CiteSpace 软件时建立了一个时间映射，将知识基础和研究前沿联系在一起。如果把研究前沿定义为一个研究领域的发展状况（如研究思路），那么研究前沿的引文就形成了相应的知识基础。一个研究领域可以被概念化成一个从研究前沿（定义域）$\varPsi(t)$ 到知识基础（值域）$\varOmega(t)$ 的时间映射 $\varPhi(t)$，即 $\varPhi(t)$: $\varPsi(t) \rightarrow \varOmega(t)$。由此形成了研究前沿和知识基础的概念模型（图 2.2），CiteSpace 软件第三代即 CiteSpaceⅢ的概念模型和 CiteSpaceⅠ、CiteSpaceⅡ是一样的。

CiteSpace 的理论基础可以归结为五个方面[①]。

（1）库恩的科学发展模式。科学发展是科学革命的历史过程，从科学范式形成之前的前科学时期到范式形成之后的常规科学时期，发展过程出现危机就会引发科学革命，人们寻求新的范式取代旧范式进而迈进新范式下的新常规科学。所以，如同经济增长周期一样，科学发展也是一个常规科学与科学革命、积累范式与变革范式交替运动、不断更新变革的过程。库恩理论关于科学的转折点等观点，仿佛预见到 CiteSpace 共引网络图谱中关键节点论著的被引突现性和转折点特征。理论总有相通之处，科学规律相似的奥妙实在让人惊喜，共引网络中突现点和转折点如同经济增长中的拐点一样预示着变革，预示着重大事件的发生，预示着新趋势的出现，也预示着打破重建的需要。

① 陈悦，陈超美，刘则渊，等. CiteSpace 知识图谱的方法论功能[J]. 科学学研究，2015，33（2）：242-253.

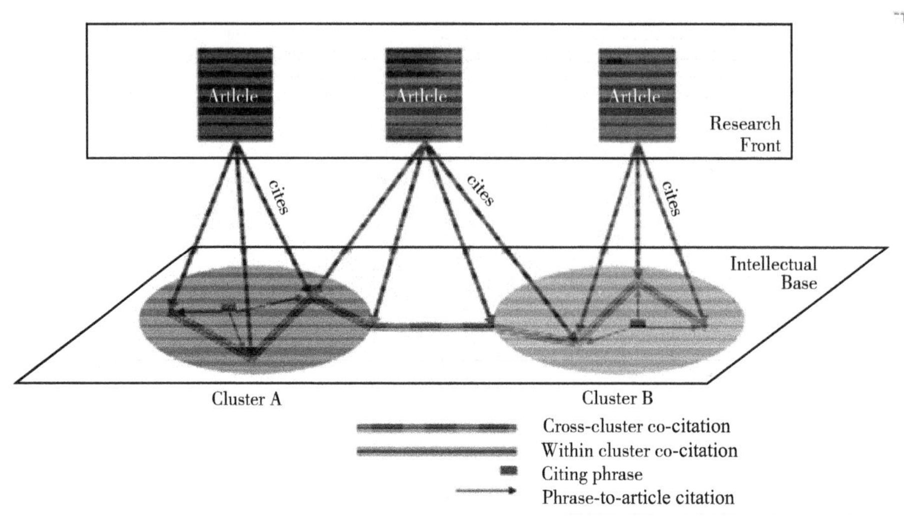

图 2.2 CiteSpace 的概念模型

参考资料:陈超美,陈悦,侯剑华,等. CiteSpace Ⅱ:科学文献中新趋势与新动态的识别与可视化[J]. 情报学报,2009,28(3):401-421.

(2)普赖斯的科学前沿理论。普赖斯在贝尔纳“科学发展呈现网状模式”的思想和加菲尔德发明的科学引文索引(SCI)基础上,形成“参考文献的模式标志科学研究前沿的本质”的前沿理论。

(3)社会网络分析及结构洞理论。英国社会学家格兰诺维特(Granovetter)于 1973 年①提出社会网络“弱连接优势”的重要观点,认为新观点和新信息一定来自不同群体中个体间的弱关系。博特(Burt)②在此基础上于 1992 年提出了结构洞理论。CiteSpace 基于此理论开发出知识网络中关键节点及关键位置的发现技术,即发现知识转折点(turning point)。

(4)信息觅食理论。该理论主要用来解释和模拟人们在网络环境中的信息搜寻行为,如同动物觅食一样总是希望以最小的搜索成本获得最大的利益。

(5)知识单元的离散与重组理论。我国著名的科学计量学家赵红州提出“任何一种科学创造这种过程不是简单的重复,而是在重组中产生全新的知识系统,全新的知识单元”。借鉴这种理论思想,CiteSpace 用关于凝聚游离的知识单元来阐释科学发现的宏观和微观机制。

2.2.4.2 CiteSpace 的应用情况

李杰③在 2016 年曾对 CiteSpace 的国内外应用现状进行过分析总结,结果表明,CiteSpace 被广泛应用于计算机科学、信息与图书馆学、工程学、管理学以及商业经济等多个领域,研究主题主要集中在引证网络、引文数据库、信息科学、研究领域、研究前沿、可视化分析、共被引分析等多个方面。

---

① GRANOVETTER M. The strength of weak ties[J]. American journal of sociology,1973(5):1360-1380.

② BURT R S. Structural holes:the social structure of competition[M]. Cambridge, MA:Harvard University Press,1992.

③ 李杰,陈超美. 科技文本挖掘及可视化[M]. 北京:首都经济贸易大学出版社,2016.

2.2.5 分析结果的专家验证

不管是文献计量方法还是统计分析方法都是定量研究方法，虽然有自身方法所具备的客观性优势，但在数据遴选、清洗、预处理、数据挖掘、分析结果的过程中都会存在人为选择的主观因素，比如来源期刊的选择、时间段的选择、文献类型的选择、分析软件的选择和操作熟练程度等都会影响分析结果，甚至造成很大的差异。因而，数据样本选择之前、选好之后的处理以及处理结果的分析都应该得到所属学科专家的指导，听取合理的建议和专业的提示。

本研究的构思、开题、撰写等每一个步骤都与统计学专家和图书情报专家的指导紧密相关，以专家的专业知识和丰富经验为依靠，使所分析的内容基本符合统计学专业发展历史和现状，所用的分析方法和技术能够跟上现代信息可视化技术和统计分析软件的发展，所得出的结论能在一定程度上满足统计学专业研究者的需要，为掌握统计学科主题发展趋势和研究前沿热点提供有价值的参考信息。

主要通过访谈和电子邮件与专家进行交流。经过前期的技术分析，将得出的结果归纳总结整理成调查问题，征询相关专家的意见，结合专家反馈的意见验证所获得结果的专业性和准确性。

2.3 本章小结

就科学文献的研究而言，文本挖掘和文献计量分析是两个既有区别又有交叉联系的概念（表 2.5）。它们的理论基础、方法技术和具体应用都存在着交叉运用[①②]。本书的研究侧重于运用文献计量学的理论基础和计量分析方法来采集数据、确定样本文献并对其进行初步分析，以得到国内外统计学研究发展的现状，宏观把握整体。本书还利用文本挖掘的技术和手段对样本数据（主要是国内外统计学期刊）进行文献分析，其中又运用了文献计量学中的词频分析和引文分析等文献计量方法和多元统计分析方法，分析得出了国内外统计学研究的前沿热点的可视化聚类图谱，从而得到了一个科学、客观、具体、直观和容易理解的有关统计学研究前沿领域和热点主题的研究结论。

表 2.5 文献计量分析和文本挖掘的差异

比较内容	文献计量分析	文本挖掘
方法类型	定量分析辅以定性推断	定量基础上的定性分析
研究对象	科学文献、文献用户的外部特征	文本的内容特征
方法论基础	数学、统计学	统计分析、推理比较、人工智能、机器学习、数据挖掘等
分析步骤	理论分析（发现文献现象）→建立模型→估计参数→实际应用（修正参数）	确定分析主题→抽取文献样本→确定分析单元→制定分析体系→定量处理与计算→分析汇总

① 邱均平，王曰芬. 文献计量内容分析法[M]. 北京：国家图书馆出版社，2008：70-80，158.

② 张雯雯，许鑫. 文本挖掘工具述评[J]. 图书情报工作，2012，56（8）：26-31.

续表

比较内容	文献计量分析	文本挖掘
结果可信度测评	将拟合公式应用于一批新的分析数据以检验其可信度	采用 Kappa 测评公式 $K=(P_A-P_C)/(1-P_C)$进行计算（P_A指两个研究者分析结果一致的比例，P_C指预期两个研究者分析结果一致的比例）或专家验证法
特点	以文献计量学的几大定律（布拉德福定律、齐普夫定律、洛特卡定律、文献增长与老化规律和引证规律）为基础，形成特有的统计分析方法，以定量的形式输出被研究文献的分析结果	研究对象范围广、时间跨度大、易进行重复分析、过程较客观，形成特有的经验方法
应用范围	科学评价、情报检索系统研究、图书情报系统管理、对信息用户的分析及确定学科领域核心期刊与核心文献的研究	计算机科学、工程学、信息学、文学、语言学、新闻学、传播学、医学、经济管理、生化环境等多学科领域
软件分析工具	主要是用于书目分析、引文分析及数据收集等。国外常用的有 MATLAB、SAS、SPSS、EVIEWS、JCR、Derwent Analytics 等，国内常用的有 ISTIC/ISIS、PEMS C_WINSIS、CDSAS 等	主要有适用于各种文本内容挖掘的 Intelligent Miner for Text（IBM 提供）、CATPAC（伽利略公司开发）、Text Miner（SAS 提供）、TextSmart（SPSS 公司开发）、R 语言、Darwin（Oracle 提供）、Weka、GATE、Bow、UIMA 等

3 统计学的发展及研究现状分析

本章主要对国内外统计学的建设和发展历史以及国内外统计学科划分的差异进行简要阐述,以期对统计学发展历程和学科发展趋势有一个整体的认识和把握,为第 4 章和第 5 章的统计学研究前沿分析铺垫统计学发展历史脉络、理论基础和学科划分知识基础。此外,基于国内外数据来源,本章对统计学研究的整体情况进行了初步分析,以期对统计学的研究现状有一个整体的了解。

3.1 统计学的发展与学科划分

3.1.1 国内外统计学的发展

3.1.1.1 国外统计学的发展

17 世纪中叶,英国威廉·配第(William Petty)的《政治算术》的出版标志着统计学的诞生。三百多年来,统计学的发展大致经历了以下三个阶段①。

第一阶段是 17 世纪中叶到 19 世纪末的初创阶段,称为统计学发展的古典时期。从开立统计学先河的《政治算术》,到后来英国约翰·格朗特(John Graunt)的"人口统计"、德国海尔门·康令(Hermann Conring)的"国势学"和法国布莱斯·帕斯卡尔(Blaise Pascal)的"古典概率论",一直到 19 世纪末英国卡尔·皮尔逊(Karl Pearson)提出的"矩估计"和"卡方检验"(χ^2 检验),描述统计与概率论的基本内容逐渐形成。

第二阶段是 20 世纪初到 20 世纪中期的统计学方法体系基本确定阶段,称为统计学发展的近代时期。这个阶段的主要统计学人物和成果有 20 世纪初英国的戈赛特(Gosset W S)的"小样本 t 分布",费希尔(Fisher R A)的"F 分布""极大似然估计""方差分布"和"试验设计",还有内曼(Neyman J)和小皮尔逊(Pearson E S)提出的"置信区间估计"与"假设检验"。到 20 世纪 40 年代末由沃尔德(Waid A)发明的"统计决策函数"和"序贯抽样"为止,经过近半个世纪的发展,推断统计和概率论的方法体系日趋完善。

第三阶段是 20 世纪中期至今的全面发展阶段,称为统计学发展的现代时期。20 世纪 50 年代以来,计算机、信息化技术迅猛发展,给统计学发展带来了前所未有的科技环境,极大地推动了统计学的全面发展,如多元统计分析、数据挖掘、时间序列方法、刀切法和自助法、人工智能等。美国学者统计显示,现代统计学以指数级加速度发展,新的研究分支每隔 17 年就增长一倍。统计学已经应用到了理、工、农、医、文等各个学科领域,在自然科学和社会科学领域内遍地开花,实现了全面发展,充分体现了统计学的工具性和实用性。

按不同发展时期的学派来讲,有古典时期的政治算术学派和国势学派、近代时期的社会

---

① 袁卫. 统计学的过去、现在与未来:兼论我国统计教育的改进[J]. 统计研究,1992(3):33-41.

统计学派和数理统计学派以及现代时期的经典统计学派和贝叶斯统计学派。

3.1.1.2 国内统计学的发展

在我国，统计学的发展也经历了三个阶段[①]。

第一阶段是清朝末年到中华人民共和国成立前的发展起步阶段。这个时期的统计学主要是作为一门方法课，使用的统计学教材是日本横山雅男的《统计讲义录》。后来，越来越多的欧美统计学著作和教材被翻译为中文，成为大学使用的主要教材。在此期间，重庆大学（1937 年）和复旦大学（1938 年）最早设立专门的统计学专业。到中华人民共和国成立前，全国 223 所高校只有 18 所设立了统计学系或统计学专修科。这个时期出现的著名统计学家有被誉为数理统计大师的许宝騄先生，还有复旦大学的朱君毅、薛仲三，上海财经学院的金国宝，清华大学的戴世光，等等。

第二阶段是中华人民共和国成立后到 1978 年改革开放之初的统计学专业衰退和分割时期。这个时期，我国受到苏联教学模式的影响，统计学被人为分割成两个部分。概率论和数理统计被划分为数学，而社会经济统计学被赋予了阶级性，划归为社会科学。各大财经类院校都开始使用苏联的教材，如苏联专家廖佐夫的《统计学原理》和苏联中央统计局编著的《统计原理》。

第三阶段是改革开放至今，"大统计"思想形成和统计学一级学科建立。1978 年 12 月，我国统计学界在四川峨眉召开全国统计教学科研规划座谈会（"峨眉会议"）拉开了统计学专业改革的序幕。1979 年，戴世光教授[②]在《经济研究》发文《积极发展科学的统计学 为我国早日实现四个现代化服务》，文章提出"当前国际科学界只有一门统计科学，即作为应用数学分支的数理统计学"。随后他又在《统计研究》上发文《实事求是是研究统计科学问题的指导思想：评苏联〈统计理论〉及其"社会经济统计学"》重申此观点[③]，这两篇文章引发了持续十多年的统计学到底是一门科学还是两门科学以及统计学的性质、对象和内容等问题的大讨论。经过了十多年的大辩论，接下来出现的四个代表性事件将统计学推向了大发展的道路。一是 1992 年国家标准局公布的《学科分类与代码》（GB/T 13745—1992）中，将统计学列为与经济学、数学相并列的一级学科。二是中国"大统计"学科的建设和中国统计科学联合会的成立。1993 年，中国人民大学召开了"大统计"学科讨论会，统计学界逐渐形成了"大统计"的共识。1994 年，中国统计科学联合会成立。三是 1998 年国家教育部颁布的本科专业目录中，将经济学类中的"统计学"专业与数学类中的"数理统计"合并为统计学类，并归入理学门类。四是 2011 年国务院学位委员会和教育部颁布《学位授予和人才培养学科目录（2011 年）》，调整研究生专业目录，将应用经济学一级学科下的"社会经济统计"与理学门类数学一级学科下的"概率论与数理统计"两门二级学科合并为理学门类下的统计学一级学科，与本科专业一致。至此，我国的统计学科终于和国际接轨，这将极大地促进了统计学科的发展和统计人才的培养。

---

① 袁卫. 机遇与挑战：写在统计学成为一级学科之际[J]. 统计研究，2011，11：3-10.

② 戴世光. 积极发展科学的统计学 为我国早日实现四个现代化服务[J]. 经济研究，1979（2）：63-67.

③ 戴世光. 实事求是是研究统计科学问题的指导思想：评苏联《统计理论》及其"社会经济统计学"[J]. 统计研究，1984（1）：55-62，67.

3.1.2 国内外统计学的学科划分

3.1.2.1 国外统计学的学科划分

国外将统计学划分成 5 个二级学科(表 3.1),分别是 Computational statistics(计算统计学)、Design of experiments(实验设计)、Sample survey(抽样调查)、Statistical modelling(统计建模)和 Statistical theory(统计理论)。

表 3.1 国外统计学的学科划分

Statistics(统计学)	
Computational statistics(计算统计学) · Data mining(数据挖掘) · Regression(回归) · Simulation(仿真) · Bootstrap(自助法) Design of experiments(实验设计) · Block design and analysis of variance(区组设计和方差分析) · Response surface methodology(响应面法) Sample survey(抽样调查) · Sampling theory(抽样理论)	Statistical modelling(统计建模) · Biostatistics(生物统计学) · Epidemiology(流行病学) · Multivariate analysis(多变量分析) · Structural equation model(结构方程模型) · Time series(时间序列) · Reliability theory(可靠性理论) · Quality control(质量控制) Statistical theory(统计理论) · Decision theory(决策理论) · Mathematical statistics(数理统计学) · Probability(概率) · Survey methodology(调查方法)
Mathematics(数学)	
Applied mathematics(应用数学) · Statistics(统计学) · Mathematical statistics(数理统计学) · Econometrics(计量经济学) · Actuarial science(精算学) · Demography(人口学)	

从表 3.1 中可以发现,国外将统计学作为一级学科,下设 5 个二级学科,二级学科下又设多个三级学科,主要侧重于统计理论和统计方法研究。而在应用数学学科下还设有一部分统计学相关学科,内容主要是侧重于统计应用,如 Econometrics(计量经济学)、Actuarial science(精算学)和 Demography(人口学)。

3.1.2.2 国内统计学的学科划分

1992 年公布的《学科分类与代码》(GB/T 13745—1992)将统计学列为与经济学、数学并列的一级学科。但是,这个标准还存在诸多问题。一是统计学学科体系的研究内容不完整,没有包含与一些重要学科(如生物、医学、劳动等学科)的交叉关系。二是统计学科的内在结构联系不强,有理论统计学,没有应用统计学;有描述统计学,没有推断统计学。所以,2009 年国家标准化管理委员会在对原标准进行大幅度修正后颁布了《学科分类与代码》(GB/T 13745—2009)。2009 版标准将统计学分为 10 个二级学科和 36 个三级学科(表 3.2),建立了比较完整科学的统计学学科体系。

表 3.2 国内统计学的学科划分 ①

代码	学科名称	说明
910	统计学	—
91010	统计学史	—
—	数理统计学	归入 11067。包括：抽样理论（归入 11067）；假设检验（归入 11067）；非参数统计（归入 11067）；方差分析（归入 11067）；相关回归分析（归入 11067）；统计推断（归入 11067）；贝叶斯统计（归入 11067）；试验设计（归入 11067）；多元分析（归入 11067）；统计判决理论（归入 11067）；时间序列分析（归入 11067）；空间统计（归入 11067）
—	应用统计数学	归入 11071。包括：统计质量控制（归入 11071）；可靠性数学（归入 11071）；保险数学（归入 11071）；统计计算（归入 11071）；统计模拟（归入 1107140）
91030	经济统计学	国民经济核算（原名为“统计核算理论”）；经济统计分析；经济计量学（归入 79035）；经济统计学其他学科
91035	科学技术统计学	—
91040	社会统计学	教育统计学；文化与体育统计学；司法统计学；劳动统计学（归入 84074）；社会保障统计学（原名为“社会福利与社会保障统计学”）；生活质量统计学；社会统计学其他学科
91045	人口统计学	—
91050	环境与生态统计学	资源统计学（原名为“自然资源统计学”）；环境统计学；生态统计学（原名为“生态平衡统计学”）；环境与生态统计学其他学科
91060	生物与医学统计学	生物统计学；医学统计学（归入 31057）；卫生统计学（归入 33072）；生物与医学统计学其他学科
91099	统计学其他学科	—

3.2 统计学研究现状的初步分析

3.2.1 基于国外期刊的统计学研究现状整体分析

据 ISI（Institute for Scientific Information，科学信息研究所）每年出版的 JCR② 显示，Web of Science 数据库收录的“统计学和概率（Statistics & Probability）”学科的期刊从 2003 年的 75 种增加到 2014 年的 122 种（表 3.3），呈现逐年递增的趋势（图 3.1），在一定程度上也说明了统计学的相关研究越来越多，受到研究者和出版者的关注也越来越多。第 2 章表 2.1 中列出了 2014 年收录的 122 种期刊按照影响因子排名的前 20 位，它们都是国际上的统计类权威期刊。从这 20 种期刊中可以分析得出国际上统计学研究主要集中在医学、计量经济学、生物化学等学科领域的应用上。

① 国家标准化管理委员会. 学科分类与代码：GB/T 13745—2009[S]. 北京：中国标准出版社，2009：85-86.

② Journal Citation Reports（JCR 期刊引证报告），是一个独特的多学科期刊评价工具。通过对参考文献的标引和统计，JCR 可以在期刊层面衡量某项研究的影响力，显示出引用和被引期刊之间的相互关系。JCR 共涵盖全球 110 多个国家或地区的超过 20 000 种的期刊，覆盖 250 多个 Web of Science 学科领域。

表 3.3 Statistics & Probability(2003—2014 年)收录期刊情况汇总

年份	期刊数	论文总数	总被引频次	中值影响因子	集合影响因子
2014	122	8 399	302 912	0.911	1.130
2013	119	8 078	274 994	0.894	1.156
2012	117	7 848	254 071	0.900	1.141
2011	116	7 648	229 616	0.863	1.094
2010	110	7 053	218 585	0.948	1.140
2009	100	6 844	220 819	0.940	1.213
2008	92	6 564	185 468	1.002	1.164
2007	91	6 512	178 807	0.787	1.465
2006	83	5 795	155 841	0.802	1.453
2005	81	5 635	134 666	0.750	1.394
2004	77	5 034	119 157	0.635	1.238
2003	75	4 728	104 090	0.598	1.100

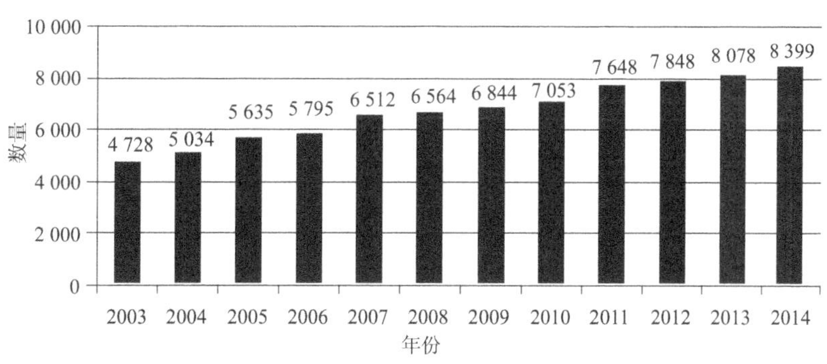

图 3.1 Statistics & Probability(2003—2014 年)收录期刊年度发文量

2022 年 JCR 收录的 Statistics & Probability 学科的 125 种期刊在 2015—2022 年的年度发文量也呈现逐年递增的趋势，在一定程度上也说明了统计学的相关研究越来越多(图 3.2)。从影响因子排名前 20 位的国际统计类权威期刊分析得出，最近几年国际上统计学的前沿研究主要集中于统计方法的研究以及在经济学、生物、化学等学科领域的应用。

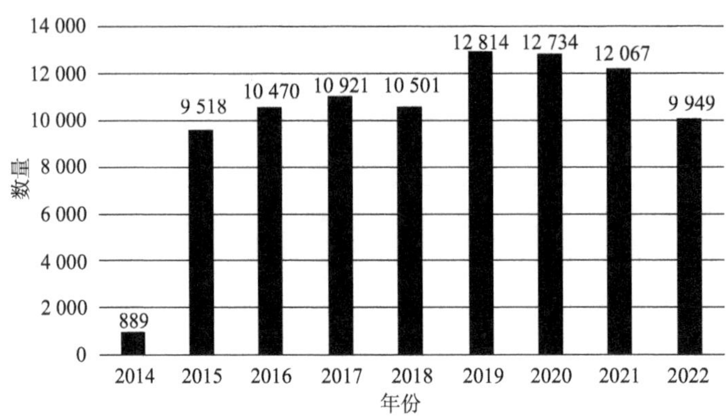

图 3.2 Statistics & Probability(2015—2022 年)收录期刊年度发文量

3.2.2 统计学领域最有影响力的国家和机构

ESI(Essential Science Indicators)是基本科学指标数据库,是一个基于 Web of Science 数据库的深度文献分析工具。其对 Web of Science 数据库核心合集中的两个数据库 SCIE 和 SSCI 收录的 12 000 多种学术期刊的 1 000 多万条文献进行分析,以最近 10 年的引文数据,按照 22 个学科给出进入全球前 1%的大学及研究机构排名。因而,ESI 可以在一定程度上展现出在某个研究领域有国际影响力的国家、机构、学科、论文、作者和出版物。同时,其可以统计最近两年发表的论文在最近两个月被引用的次数,进而得出前 0.1%的热点论文,从而呈现出该学科的研究前沿。

目前,ESI 已成为当今世界范围内被普遍用以评价高校、机构、国家或地区的国际学术水平及影响力的重要评价工具之一。同时,也是评估高校学科建设规模和发展水平的重要参照指标之一,是比较客观、公正的第三方评价工具。ESI 的数据每两个月更新一次。

按照 ESI 的方法,在 InCites 数据库[①]中进行检索,得到全球统计学科的发文机构的排名情况,从而分析目前全球范围内统计学科的发展态势和最有影响力的国家和机构。

参照 ESI 的方法论,检索时间为 2015 年 11 月,时间跨度为 2005—2014 年,文献类型限定为论文(article)和综述(review)两种,为了数据的覆盖性和全面性,选择的引文数据来自 Web of Science 数据库核心合集的七大索引数据库。

检索到 106 个国家的 3 379 个机构发表的"统计学和概率(Statistics & Probability)"学科论文共计 164 541 篇,全球总被引频次排名前 1%的大学或机构共 34 个[②](见表 3.4),这些机构的"统计学和概率(Statistics & Probability)"学科可以在一定程度上视为这些机构的优势学科。其中,美国的加州大学系统(University of California System, UC,位于美国加利福尼亚州的十所大学联合体)十年发表的统计学科论文为 3 082 篇,总被引频次为 57 495 次,位列第一。哈佛大学位列第二,但是加州大学系统统计的发文数是十所大学的发文总数,从单个机构来看,哈佛大学才是被引频次最多的大学,总发文 1 394 篇,总被引 38 327 次。麻

① InCites 数据库是在 Web of Science 核心合集高质量论文和引文数据的基础上建立起来的科研表现分析与对标工具。InCites 综合了丰富的计量指标和 1980 年以来各学科各年度的全球基准数据,数据每个月更新一次。

② 数据来源:北京科睿唯安公司。

省理工学院紧随其后,总发文 352 篇,总被引频次为 22 401 次,与哈佛大学存在着一定的差距。

总被引频次排在第 4 位的是法国国家科学研究中心,它是法国也是欧洲最大的国家级科学研究机构,其职能类似于我国的中国科学院,发文总量是 2 141 篇,仅次于加州大学系统。法国共有三所机构进入了全球排名前 1%,另外两个机构分别是法国国家健康与医学研究院(第 11 位)和斯特拉斯堡大学(第 20 位),它们也都是法国科研实力很强的研究机构。

英国有四所机构进入全球排名前 1%,英国桑格研究院以 120 篇论文、总被引 15 563 次的成绩排在第 10 位;伦敦大学以 1 250 篇论文、总被引频次 14 694 次排在第 12 位;剑桥大学和牛津大学分别排在第 18 位和第 23 位。

德国的欧洲分子生物学实验室和马克斯·普朗克协会两所机构进入全球前 1%,分别排在第 9 位和第 19 位。欧洲分子生物学实验室(European Molecular Biology Laboratory, EMBL)于 1974 年由欧洲 14 个国家和亚洲的以色列共同发起建立,现在由欧洲 30 个成员国政府支持,目的在于促进欧洲国家之间的合作来发展分子生物学的基础研究和改进仪器设备、教育工作等。EMBL 已发展成欧洲最重要和最核心的分子生物学基础研究和教育培训机构,有很多重要的科学研究工作在这里进行。由于总部位于德国海德堡,所以归入德国的机构,实际上这里的 175 篇论文和 17 273 次的被引频次应该是以德国为主的多个国家的科研成果。

中国、爱尔兰和比利时各自只有一所研究机构的总被引频次排名进入了全球前 1%,分别是中国的中国科学院(第 24 位)、爱尔兰的都柏林大学(第 16 位)和比利时的鲁汶大学(第 31 位)。

进入全球前 1%机构最多的国家是美国,共有 24 所研究机构,占比 2/3 以上可见美国的统计学科的研究水平和发展实力在全球居于首位,远远超过了包括我国在内的很多国家。

表 3.4 全球排名前 1%的统计学发文机构(2015 年)

排名	机构名称	中文译名	总论文篇数	总被引频次	国家/地区
1	University of California System	加州大学系统	3 082	57 495	美国
2	Harvard University	哈佛大学	1 394	38 327	美国
3	Massachusetts Institute of Technology (MIT)	麻省理工学院	352	22 401	美国
4	Centre National de la Recherche Scientifique (CNRS)	法国国家科学研究中心	2 141	21 084	法国
5	Stanford University	斯坦福大学	790	19 646	美国
6	University of California, Berkeley	加州大学伯克利分校	833	18 705	美国
7	Broad Institute	博德研究所	78	18 478	美国
8	University of Michigan System	密歇根大学系统	891	18 302	美国
9	European Molecular Biology Laboratory (EMBL)	欧洲分子生物学实验室	175	17 273	德国
10	Wellcome Trust Sanger Institute	英国桑格研究院	120	15 563	英国

续表

排名	机构名称	中文译名	总论文篇数	总被引频次	国家/地区
11	Institut National de la Sante et de la Recherche Medicale（Inserm）	法国国家健康与医学研究院	315	14 745	法国
12	University of London	伦敦大学	1 250	14 694	英国
13	University of California，Los Angeles	加州大学洛杉矶分校	605	13 342	美国
14	University of Washington	华盛顿大学	902	12 837	美国
15	University of Washington，Seattle	华盛顿大学西雅图校区	895	12 808	美国
16	University College Dublin	都柏林大学	81	12 081	爱尔兰
17	National Institutes of Health（NIH）- USA	美国国立卫生研究院	910	12 003	美国
18	University of Cambridge	剑桥大学	709	11 956	英国
19	Max Planck Society	马克斯·普朗克协会	452	11 855	德国
20	University of Strasbourg	斯特拉斯堡大学	121	11 067	法国
21	University of North Carolina at Chapel Hill	北卡罗来纳大学教堂山分校	945	10 656	美国
22	University of Minnesota System	明尼苏达大学系统	780	10 410	美国
23	University of Oxford	牛津大学	606	10 379	英国
24	Chinese Academy of Sciences	中国科学院	589	9 949	中国
25	University of California，San Diego	加州大学圣地亚哥分校	404	9 790	美国
26	Pennsylvania Commonwealth System of Higher Education（PCSHE）	宾夕法尼亚州立高等教育系统	1 040	9 722	美国
27	Florida State University System	佛罗里达州立大学系统	1 041	9 592	美国
28	University of Pennsylvania	宾夕法尼亚大学	634	9 395	美国
29	Duke University	杜克大学	741	8 800	美国
30	Johns Hopkins University	约翰·霍普金斯大学	579	8 518	美国
31	KU Leuven	鲁汶大学	759	8 515	比利时
32	University System of Maryland	马里兰大学系统	534	8 342	美国
33	University System of Georgia	佐治亚大学	979	8 340	美国
34	University of Chicago	芝加哥大学	523	8 167	美国

按照发文机构数量排名，列出了排在前 10 位的国家或地区（见表 3.5）。其中，美国位列第一，共有 762 个机构发表统计学科论文；中国（除港澳台地区以外）位列第二，共有 321

个机构的作者发表统计学科论文，而我国台湾地区也有很多学者在研究统计学科，发文机构数量为 87 个，位居第 9 位；位列第三的是法国，有 176 个发文机构；位列第四的是日本，有 169 个机构；位列第五的是英国和印度，各有 123 个机构发表统计学科论文；土耳其、意大利和德国的数量相当；我国台湾地区和西班牙的发文机构数量仅差 6 个。

排在前 10 位的国家或地区的总发文篇数为 120 914，占十年总发文篇数的 73%，这表明科研成果集中产出于发文机构数量排在前 10 位的国家中，在国家分布上极不平衡。其中，占总发文机构数量 22.55%的美国研究机构发表了 38.42%的论文。中国（除港澳台地区以外）共有 321 家机构发文，机构占比 9.50%，共发表统计学和概率类论文 8 489 篇，占全球总发文量的 5.16%，与美国相比还存在着很大的差距。

表 3.5 发文机构数量排名前 10 位的国家或地区（2015）

排序	国家/地区	发文机构数量	占比	总论文篇数	占比
1	美国	762	22.55%	63 222	38.42%
2	中国	321	9.50%	8 489	5.16%
3	法国	176	5.21%	14 351	8.72%
4	日本	169	5.00%	3 163	1.92%
5	英国	123	3.64%	9 774	5.94%
5	印度	123	3.64%	2 122	1.29%
6	土耳其	106	3.14%	1 174	0.71%
7	意大利	105	3.11%	4 603	2.80%
8	德国	101	2.99%	7 111	4.32%
9	中国台湾	87	2.57%	2 738	1.66%
10	西班牙	81	2.40%	4 167	2.53%

基于 InCites 数据库，检索时间为 2023 年 1 月，时间跨度为 2015—2022 年，文献类型同样限定为 article 和 review 两种，选择的引文数据来自 Web of Science 核心合集的七大索引数据库。

检索结果到 136 个国家的 6 703 个机构发表“统计学和概率（Statistics & Probability）”学科的论文共计 236 170 篇，全球总被引频次排名前 1%的大学或机构共 67 个（见表 3.6），这些机构的“统计学和概率（Statistics & Probability）”学科可以在一定程度上视为这些机构的优势学科。其中，Swiss Federal Institutes of Technology Domain（瑞士联邦理工学院及研究所联合体）发表论文 766 篇，总被引频次位列第一；ETH Zurich（瑞士联邦理工学院）发表论文 494 篇，总被引频次位列第二；美国的 University of Wisconsin System（威斯康星大学系统）位列第三；同样归于美国的 University of Wisconsin Madison（威斯康星大学麦迪逊分校）位列第四；加拿大的 McMaster University（麦克马斯特大学）位列第五。

2022 年排在全球前 1%的发文机构与 2015 年相比，变化很大，2015 年前 1%中的 27 个发文机构仍然在前 1%，也就是前 67 位之内。7 个发文机构排名下滑到 67 位之后，这 7 个发文机构分别是 Broad Institute(博德研究所,第 75 位)、University College Dublin(都柏林大学,第 213 位)、University of Strasbourg(斯特拉斯堡大学,第 265 位)、University of California San Diego(加州大学圣地亚哥分校,第 80 位)、Florida State University System(佛罗里达州立大学系统)、KU Leuven(鲁汶大学,第 83 位)、University System of Maryland(马里兰大学系统,第 147 位)。

表 3.6 全球排名前 1%的统计学发文机构(2022 年)

排名	机构名称	总论文篇数	总被引频次	高被引论文数	国家/地区
1	Swiss Federal Institutes of Technology Domain	766	47 148	11	瑞士
2	ETH Zurich	494	45 016	8	瑞士
3	University of Wisconsin System	702	44 197	11	美国
4	University of Wisconsin Madison	604	43 691	11	美国
5	McMaster University	445	42 750	4	加拿大
6	University of California System	2 950	35 686	65	美国
7	UDICE-French Research Universities	3 510	30 257	28	法国
8	Harvard University	1 431	24 373	47	美国
9	Centre National de la Recherche Scientifique (CNRS)	3 010	23 473	16	法国
10	University of London	1 531	18 206	31	英国
11	European Molecular Biology Laboratory (EMBL)	166	15 960	8	德国
12	Columbia University	902	15 888	25	美国
13	University of Cambridge	848	15 537	36	英国
14	Stanford University	911	15 301	46	美国
15	University of North Carolina	1 794	14 670	22	美国
16	Technical University of Denmark	118	14 369	6	丹麦
17	Chinese Academy of Sciences	1 099	14 190	12	中国
18	Massachusetts Institute of Technology (MIT)	535	12 437	22	美国
19	University of Michigan System	1 045	11 752	15	美国
20	University of Michigan	1 044	11 750	15	美国
21	University of Texas System	1 420	11 624	12	美国
22	University of Toronto	595	11 120	24	加拿大
23	University of California Berkeley	700	10 621	20	美国
24	University of Washington	873	10 483	20	美国
25	University of Washington Seattle	865	10 474	20	美国
26	Pennsylvania Commonwealth System of Higher Education (PCSHE)	1 143	9 932	12	美国
27	University of Pennsylvania	843	9 740	24	美国

续表

排名	机构名称	总论文篇数	总被引频次	高被引论文数	国家/地区
28	Helmholtz Association	413	9 671	12	德国
29	Johns Hopkins University	642	9 629	14	美国
30	University of Oxford	775	9 392	21	英国
31	Swiss Institute of Bioinformatics	127	9 138	5	瑞士
32	University College London	610	8 966	17	英国
33	University of Chicago	613	8 832	22	美国
34	University of North Carolina at Chapel Hill	927	8 790	18	美国
35	Universite Paris Cite	1 085	8 778	10	法国
36	Max Planck Society	379	8 665	10	德国
37	University System of Ohio	1 073	8 137	7	美国
38	State University System of Florida	1 231	7 808	11	美国
39	Princeton University	412	7 763	23	美国
40	University of Geneva	191	7 701	4	瑞士
41	Duke University	796	7 586	13	美国
42	University of California，Los Angeles	605	7 550	14	美国
43	University System of Georgia	932	7 409	7	美国
44	University of Bristol	369	7 050	20	英国
45	Sorbonne Universite	646	7 036	10	法国
46	Universite Paris Saclay	959	7 013	7	法国
47	CNRS-National Institute for Mathematical Sciences（INSMI）	1 171	7 011	7	法国
48	Harvard T.H. Chan School of Public Health	527	6 692	18	美国
49	Institut National de la Sante et de la Recherche Medicale（Inserm）	411	6 665	9	法国
50	University of Hong Kong	453	6 618	6	中国香港
51	University of Zurich	310	6 582	7	瑞士
52	King Abdulaziz University	444	6 441	6	沙特阿拉伯
53	University of Iowa	305	6 382	6	美国
54	University of Copenhagen	436	6 347	6	丹麦
55	PSL Research University，Paris	537	6 323	4	法国
56	Yale University	596	6 210	13	美国
57	National Institutes of Health（NIH）-USA	668	6 194	4	美国
58	Wellcome Trust Sanger Institute	95	6 188	11	英国
59	University of Minnesota System	692	5 898	6	美国
60	Imperial College London	531	5 871	11	英国

续表

排名	机构名称	总论文篇数	总被引频次	高被引论文数	国家/地区
61	University of Warwick	650	5 822	13	英国
62	Harvard Medical School	374	5 719	10	美国
63	National Bureau of Economic Research	158	5 707	13	美国
64	University of Minnesota Twin Cities	641	5 698	6	美国
65	University of Amsterdam	447	5 586	11	荷兰
66	University of Electronic Science & Technology of China	148	5 510	21	中国
67	Indiana University System	394	5 450	1	美国

按照发表的论文总篇数，列出排在前20位的国家或地区（见表3.7）。其中，美国位列第一，共有1 165个机构发表统计学科论文75 495篇；法国位列第二，共有263个机构发表统计学科论文23 545篇；中国（除港澳台地区以外）位列第三，共发表论文21 952篇，发文机构数量位列第二，共795个；英国位列第四；德国位列第五。

这20个国家或地区发文总篇数为202 155篇，占十年发文总篇数的85.60%，这一结果表明科研成果集中产出于发文机构数量排名前二十的国家中，在国家分布上极不平衡。其中，占总发文机构数量17.38%的美国研究机构发表了31.97%的论文。中国共有795家机构发文，占比11.86%，共发表统计学和概率类论文21 952篇，占全球发文总量的9.29%，虽然与2015年相比两项数据均增加了两倍多，但与美国相比还存在着一定的差距。

表3.7　发文数量排名前20位的国家或地区（2022年）

排序	国家/地区	总论文篇数	论文占比	发文机构数量	机构占比
1	美国	75 495	31.97%	1 165	17.38%
2	法国	23 545	9.97%	263	3.92%
3	中国（除港澳台地区以外）	21 952	9.29%	795	11.86%
4	英国	11 955	5.06%	201	3.00%
5	德国	9 333	3.95%	213	3.18%
6	印度	7 168	3.04%	507	7.56%
7	加拿大	6 871	2.91%	136	2.03%
8	意大利	6 374	2.70%	224	3.34%
9	西班牙	4 721	2.00%	228	3.40%
10	澳大利亚	4 238	1.79%	108	1.61%
11	韩国	3 904	1.65%	159	2.37%
12	荷兰	3 853	1.63%	66	0.98%
13	日本	3 630	1.54%	220	3.28%
14	瑞士	3 411	1.44%	49	0.73%

续表

排序	国家/地区	总论文篇数	论文占比	发文机构数量	机构占比
15	伊朗	3 410	1.44%	78	1.16%
16	巴西	3 207	1.36%	140	2.09%
17	中国台湾	2 332	0.99%	106	1.58%
18	土耳其	2 327	0.99%	178	2.66%
19	俄罗斯	2 228	0.94%	164	2.45%
20	比利时	2 201	0.93%	34	0.51%

3.3 本章小结

本章首先对国内外统计学的建设和历史发展以及学科划分进行了简要介绍,了解到国内外统计学的发展经历了从起步、成熟到全面发展三个阶段。国内外在学科划分上有一定差异,国内统计学的学科划分逐渐与国际接轨。接下来,基于国内外数据来源对统计学研究的整体情况进行了初步分析,研究发现统计学研究最具影响力的国家和机构主要集中在发达国家和地区如美国、法国、英国、德国等。中国在统计学研究方面也走在世界前列,但与位居第一的美国相比,无论是发文机构数量还是总发文篇数还存在着一定的差距。

4 基于国外期刊的统计学前沿热点分析

从 Web of Science 数据库（以下简称 WOS 数据库）的 252 个学科中检索“统计学和概率（Statistics & Probability）”学科，此学科在 2014 年共涵盖 122 种统计类期刊。

在第 2 章国外数据采集部分介绍了 2014 年 122 种统计类期刊的前 20 种，影响因子排在第 1 位的 *Statistical Methods in Medical Research*（4.472）是专门的医学统计类期刊，排在第 2 位的 *Econometrica*（3.889）是计量经济学期刊，排在第 3 位的 *Journal of Statistical Software*（3.801）是专门研究统计软件的期刊，第 4 位的 *Journal of the Royal Statistical Society Series B-Statistical Methodology*（3.515）是研究统计方法的期刊，排在第 6 位的 *Biostatistics*（2.649）、第 8 位的 *Chemometrics and Intelligent Laboratory Systems*（2.321）和第 18 位的 *Journal of Computational Biology*（1.737）是研究生物统计学和化学统计学的期刊，第 9 位的 *Journal of Business & Economic Statistics*（2.241）、第 11 位 *British Journal of Mathematical & Statistical Psychology*（2.167）分别是应用于商学与经济学、心理学的统计类期刊。

可见，在国外，统计学主要应用于医学、生物、物理、化学等具体的自然科学方面。在用软件分析国外统计学的研究趋势及前沿热点时，为了研究结果的客观性和全面性，选取 3 种比较有国际学术影响力的综合类统计期刊作为分析的训练集样本数据。这三种期刊是：2014 年排在第 5 位的 *Statistical Science*（2.738，4.094，前面为 2014 年的影响因子，后面为五年平均影响因子，下同），排在第 10 位的 *Annals of Statistics*（2.180，3.975）和，排在第 14 位的 *Journal of the American Statistical Association*（1.979，3.052）。依照 JCR 的学科分类，3 种期刊的影响因子均为第一分区，即排名在前 25%。因而，这 3 种期刊代表着统计类期刊的权威，具有较高的国际学术影响力，反映的研究问题代表着国际统计学研究的前沿和方向。

登录 WOS 数据库，选择核心合集，分别检索出版物名称为 *Statistical Science*、*Annals of Statistics* 和 *Journal of the American Statistical Association* 的收录文献，文献类型为 article（论文），限定时间跨度为 2005—2014 年，检索时间为 2016-02-21，得到检索结果为：*Statistical Science* 有 282 条记录，*Annals of Statistics* 有 1 077 条记录，*Journal of the American Statistical Association* 有 1 229 条记录。2005—2014 年，3 种期刊发表论文（article）的总数是 2 588 篇。

笔者又于 2023 年 1 月 15 日进行检索，文献类型为 article（论文），限定时间跨度为 2015—2022 年，得到检索结果为：*Statistical Science* 有 270 条记录，*Annals of Statistics* 有 912 条记录，*Journal of the American Statistical Association* 有 1 355 条记录。2015—2022 年，3 种期刊发表论文（article）的总数是 2 537 篇。

首先，根据 WOS 数据库自有的初步分析功能，分别对 3 种期刊的检索结果进行相关的描述性统计分析，比如对年代分布、国家/地区分布、机构分布、基金资助论文比以及作者分布等基础文献计量学指标进行分析比较。然后，按照被引频次倒序提炼出被引频次最高的前 10 篇高影响力的文章作为 2005—2014 年这十年和 2015—2022 年最近八年的热点文献。

接下来，利用可视化软件 CiteSpace 得到这 3 种期刊 2005—2014 年共 2 588 条记录和

2015—2022 年 2 537 条记录的关键词共现网络和文献共被引网络，通过聚类分析得出国外统计学研究的热点主题演进趋势以及 2005—2014 和 2015—2022 年这两个时间段的研究前沿。

4.1　国外统计学研究现状的统计分析

4.1.1　年代分布的统计分析

2005—2014 年，发表在 *Statistical Science* 上的论文数量最少的为 19 篇（2005 年、2007 年和 2008 年），最多的为 43 篇（2014 年）。*Statistical Science* 每年发表论文的数量不多，但所发表的论文都具备很高的学术水平和科研价值，且发表数量整体呈逐年上升趋势（图 4.1）。

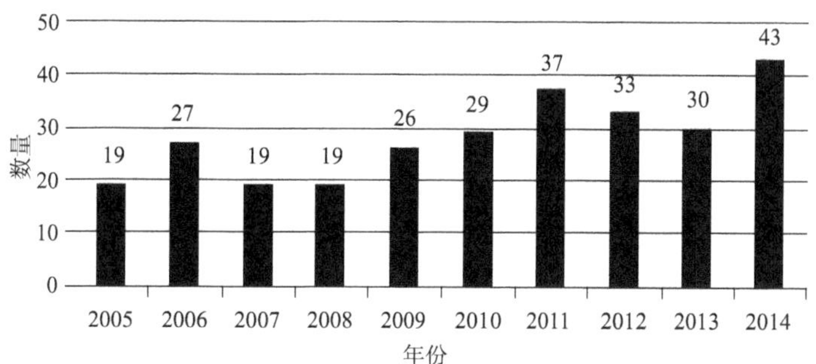

图 4.1　*Statistical Science*（2005—2014 年）论文年代分布

2015—2022 年，发表在 *Statistical Science* 上的论文总数为 270 篇。年均发文数量在 30 篇以上且各年份相差不大（图 4.2）。

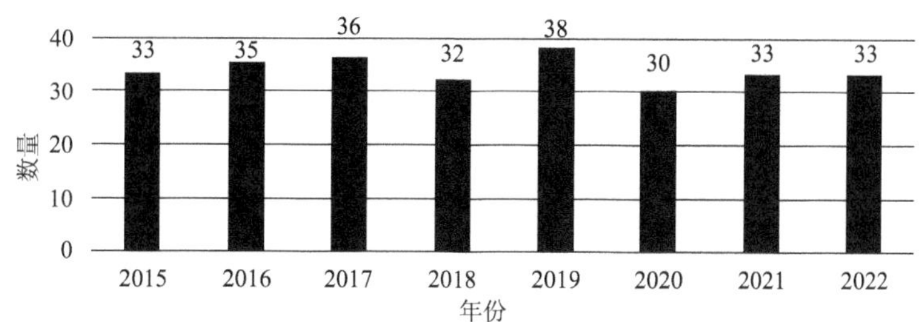

图 4.2　*Statistical Science*（2015—2022 年）论文年代分布

2005—2014 年，各年份发表在 *Annals of Statistics* 的论文基本保持在 100 篇左右的水平，但 2009 年发文数量突然上升到 147 篇，2014 年发文最少，只有 83 篇（图 4.3）。

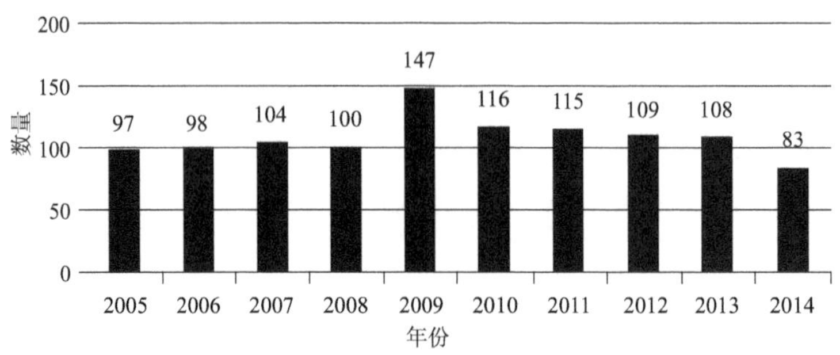

图 4.3 *Annals of Statistics*(2005—2014 年)论文年代分布

2015—2022 年，*Annals of Statistics* 的年均发文数量仍在 100 篇左右，最少为 90 篇(2017 年)，最多为 150 篇(2020 年)(图 4.4)。其与 *Statistical Science* 的发文趋势基本一致。

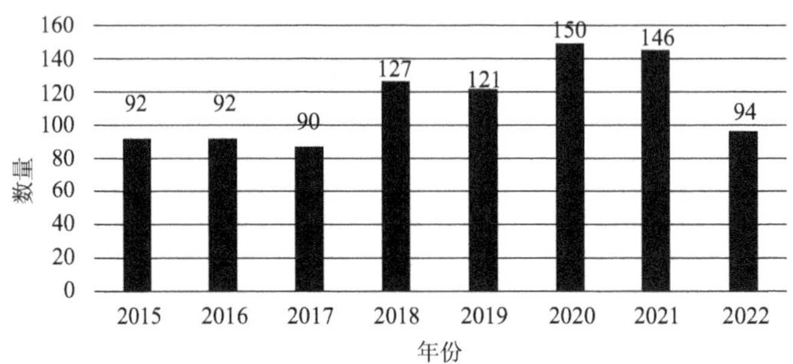

图 4.4 *Annals of Statistics*(2015—2022 年)论文年代分布

2005—2014 年，发表在 *Journal of the American Statistical Association* 的论文年均 120 篇左右(图 4.5)。其中，2008 年发文最多，刊发 138 篇论文；2005 年最少，刊发 109 篇论文。十年间发文数量较稳定。

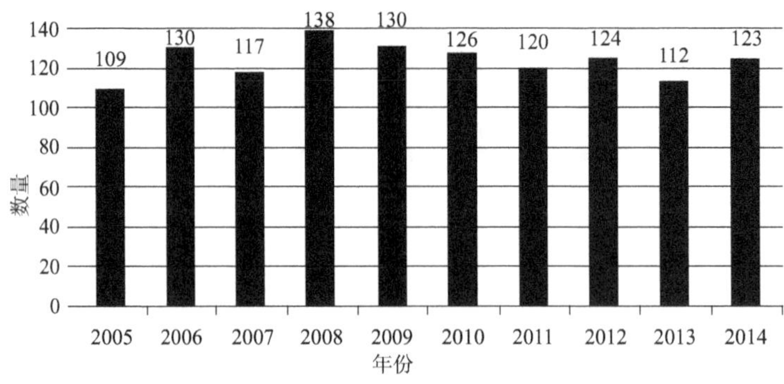

图 4.5 *Journal of the American Statistical Association*(2005—2014 年)论文年代分布

2015—2022 年，*Journal of the American Statistical Association* 的发文数量增量较大，由原来的每年平均为 120 篇左右增长为现在每年平均 190 篇左右(图 4.6)。其中，2019 年发文最多，刊发 269 篇论文；2018 年最少，刊发 147 篇论文。

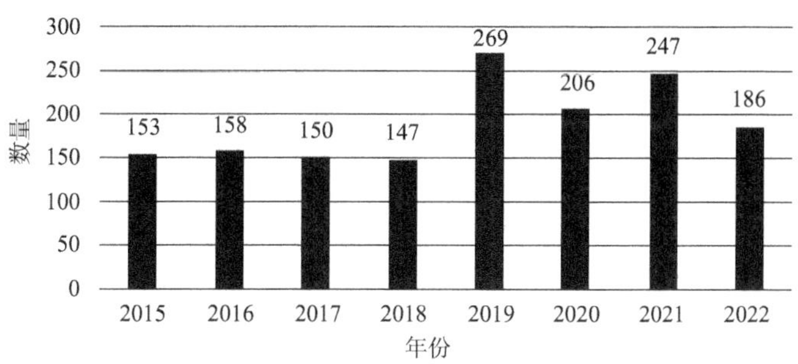

图 4.6 ***Journal of the American Statistical Association*(2015—2022 年)论文年代分布**

4.1.2 国家/地区分布的统计分析

2005—2014 年，*Statistical Science* 发表的 282 篇论文大多产自美国和英国，其中来自美国的有 201 篇，英国有 40 篇，加拿大有 16 篇，澳大利亚有 13 篇，法国和意大利各有 11 篇，我国（除港澳台地区以外）仅有 8 篇（表 4.1）。

表 4.1 ***Statistical Science*(2005—2014 年)发文数量排名前 10 位的国家/地区**

国家/地区	发文数量	占比
美国	201	71.28%
英国	40	14.18%
加拿大	16	5.67%
澳大利亚	13	4.61%
法国	11	3.90%
意大利	11	3.90%
中国（除港澳台地区以外）	8	2.84%
瑞士	7	2.48%
比利时	6	2.13%
荷兰	6	2.13%
西班牙	6	2.13%
德国	5	1.77%
以色列	5	1.77%
丹麦	4	1.42%
新加坡	4	1.42%

2015—2022 年，*Statistical Science* 发表的 270 篇论文仍然大多数产自美国和英国，我国（除港澳台地区以外）的发文数量有所提高，八年来共发文 17 篇（表 4.2）。

表 4.2 *Statistical Science*（2015—2022 年）发文数量排名前 10 位的国家/地区

国家/地区	发文数量	占比
美国	168	62.22%
英国	48	17.78%
加拿大	18	6.67%
中国（除港澳台地区以外）	17	6.30%
澳大利亚	16	5.93%
荷兰	14	5.19%
法国	11	4.07%
意大利	10	3.70%
西班牙	9	3.33%
德国	8	2.96%

从 WOS 数据库的统计结果（表 4.3）来看，2005—2014 年在 *Annals of Statistics* 上发表论文最多的国家仍然是美国（695 篇），其次是法国（147 篇），我国（除港澳台地区以外）共有 96 条记录，排在第三位，说明我国作者在 *Annals of Statistics* 上的发文率比较高。此外，德国、英国、加拿大、澳大利亚等国家的发文量也在 50 篇以上。2015—2022 年我国（除港澳台地区以外）的发文量升到了第二位（表 4.4），八年共发表 115 篇文献。

表 4.3 *Annals of Statistics*（2005—2014 年）发文数量排名前 10 的国家/地区

国家/地区	发文数量	占比
美国	695	64.53%
法国	147	13.65%
中国（除港澳台地区以外）	96	8.91%
德国	89	8.26%
英国	72	6.69%
加拿大	56	5.20%
澳大利亚	51	4.74%
荷兰	46	4.27%
瑞士	36	3.34%
比利时	24	2.23%
以色列	24	2.23%

表 4.4 *Annals of Statistics*（2015—2022 年）发文数量排名前 10 位的国家/地区

国家/地区	发文数量	占比
美国	606	67.26%

续表

国家/地区	发文数量	占比
中国（除港澳台地区以外）	115	12.76%
法国	110	12.21%
英国	94	10.43%
德国	75	8.32%
荷兰	43	4.77%
新加坡	37	4.11%
加拿大	34	3.77%
瑞士	26	2.89%
澳大利亚	21	2.33%

Journal of the American Statistical Association 上发文最多的也是美国（953 篇）（表 4.5），中国（除港澳台地区以外）在这个期刊上发文量排在了第二位（110 篇），属于高产国家。英国、加拿大、德国的发文量都在 50 篇以上。2015—2022 年发文量前三的国家仍然是美、中、英（表 4.6），我国的发文量增长速度最快，是 2005—2014 年的两倍。

表 4.5 *Journal of the American Statistical Association*（2005—2014 年）发文数量排名前 10 位的国家/地区

国家/地区	发文数量	占比
美国	953	77.54%
中国（除港澳台地区以外）	110	8.95%
英国	91	7.40%
加拿大	78	6.35%
德国	62	5.05%
澳大利亚	39	3.17%
瑞士	36	2.93%
新加坡	32	2.60%
意大利	31	2.52%
西班牙	29	2.36%

表 4.6 *Journal of the American Statistical Association*（2015—2022 年）发文数量排名前 10 位的国家/地区

国家/地区	发文数量	占比
美国	1 232	78.82%
中国（除港澳台地区以外）	223	14.27%
英国	161	10.30%
加拿大	71	4.54%

续表

国家/地区	发文数量	占比
澳大利亚	59	3.77%
意大利	45	2.88%
德国	42	2.69%
法国	37	2.37%
新加坡	31	1.98%
比利时	30	1.92%

从统计结果可见,统计学的研究阵地主要集中在美欧等发达国家,我国在统计学研究领域的学术地位也越来越重要。

4.1.3 发文机构分布的统计分析

从发文机构的统计结果(表 4.7)来看, 2005—2014 年,在 *Statistical Science* 上发文最多的是哈佛大学,共发文 28 篇;其次是加州大学伯克利分校,发文 16 篇。卡内基·梅隆大学和斯坦福大学的发文数量均为 14 篇,芝加哥大学和宾夕法尼亚大学各发文 12 篇,华盛顿大学发文 10 篇,马里兰大学发文 9 篇。由于 *Statistical Science* 的发文门槛很高,所以每年刊发的少量论文都是经过评审们严格审核的具有很高学术研究价值的论文。

表 4.7 *Statistical Science*(2005—2014 年)发文数量排名前 10 位的机构

发文机构	发文数量	占比
哈佛大学	28	9.93%
加州大学伯克利分校	16	5.67%
卡内基·梅隆大学	14	4.97%
斯坦福大学	14	4.97%
芝加哥大学	12	4.26%
宾夕法尼亚大学	12	4.26%
华盛顿大学	10	3.55%
马里兰大学	9	3.19%
杜克大学	8	2.84%
加州大学洛杉矶分校	8	2.84%
佛罗里达大学	8	2.84%
哥伦比亚大学	7	2.48%
密歇根大学	7	2.48%
明尼苏达大学	7	2.48%
多伦多大学	6	2.13%
康奈尔大学	5	1.77%

续表

发文机构	发文数量	占比
乔治·华盛顿大学	5	1.77%
莱顿大学	5	1.77%
俄亥俄州立大学	5	1.77%
伦敦大学帝国理工学院	5	1.77%
华威大学	5	1.77%

Annals of Statistics 的学术影响力相对 *Statistical Science* 要低一些，2005—2014 年十年间共发文 1 077 篇，几乎是 *Statistical Science* 的 4 倍。所以，同一机构在 *Annals of Statistics* 上发文的数量也比 *Statistical Science* 高出许多（表 4.8）。加州大学伯克利分校发文 56 篇，排在第一位；斯坦福大学发文 54 篇，排在第二位；普林斯顿大学发文 41 篇；巴黎第六大学发文 40 篇；宾夕法尼亚大学发文 39 篇；卡内基·梅隆大学发文 36 篇。

表 4.8 *Annals of Statistics*（2005—2014 年）发文数量排名前 10 位的机构

发文机构	发文数量	占比
加州大学伯克利分校	56	5.20%
斯坦福大学	54	5.01%
普林斯顿大学	41	3.81%
巴黎第六大学	40	3.71%
宾夕法尼亚大学	39	3.62%
卡内基·梅隆大学	36	3.34%
加州大学戴维斯分校	34	3.16%
密歇根大学	33	3.06%
耶鲁大学	31	2.88%
宾夕法尼亚州立大学	30	2.79%
芝加哥大学	30	2.79%

Journal of the American Statistical Association 的影响力比 *Annals of Statistics* 又低一些，2005—2014 年十年间发文量比 *Annals of Statistics* 多 152 篇，平均每年多发表 15 篇论文（表 4.9）。发文最多的机构是北卡罗来纳大学，发文 79 篇；哈佛大学发文 74 篇；宾夕法尼亚大学发文 60 篇；得克萨斯州立大学排在第四位，发文 58 篇；杜克大学排在第五位，发文 56 篇。

表 4.9 *Journal of the American Statistical Association*（2005—2014 年）发文数量排名前 10 位的机构

发文机构	发文数量	占比
北卡罗来纳大学	79	6.43%
哈佛大学	74	6.02%

续表

发文机构	发文数量	占比
宾夕法尼亚大学	60	4.88%
得克萨斯州立大学	58	4.72%
杜克大学	56	4.56%
密歇根大学	48	3.91%
斯坦福大学	36	2.93%
明尼苏达大学	35	2.85%
华盛顿大学	35	2.85%
北卡罗来纳州立大学	34	2.77%
伊利诺伊大学	34	2.77%
普林斯顿大学	32	2.60%

从发文机构来看，2015—2022 年的分布和 2005—2014 年的分布大体相同，故不再赘述。3 种期刊发文数量前 10 位的机构基本上都是美国的常青藤大学。可见，美国在统计学研究中居于领先地位。

4.1.4 基金资助论文比的统计分析

基金资助论文比指某期刊所发表的文献中各类基金资助的论文占全部论文的比例，是衡量期刊学术影响力和所资助论文的学术水平的一个重要文献计量指标。“从理论上讲，基金资助项目，尤其是高水平基金资助项目都是经过严格的评审程序脱颖而出的，其科学性、创新性、实用性、可行性有较为可靠的保证，加之有相对充足的经费支持，因此，基金资助项目产出的论文其质量相对较高，发表基金论文较多的期刊其学术质量和影响力必然较高。”①

分析 3 种期刊资助基金排名前 10 位的机构（表 4.10、表 4.11、表 4.12）发现，NSF（National Science Foundation，美国国家科学基金会）和 NIH（National Institutes of Health，美国国立卫生研究院）资助的论文占论文总数的比例高达 25%，对美国的统计学研究起到了至关重要的资助和支持作用。NSERC（Natural Sciences and Engineering Research Council of Canada，加拿大自然科学与工程研究委员会）对加拿大相关统计学研究起到了非常重要的资助作用。EPSRC（Engineering and Physical Sciences Research Council，英国工程和自然科学研究委员会）和 NSFC（National Natural Science Foundation of China，中国国家自然科学基金）对本国的论文资助得最多，极大地促进了本国统计学的研究和发展。

① 刘睿远，刘雪立，王璞，等. 基金论文比作为科技期刊评价指标的合理性：基于 SCI 数据库中眼科学期刊的实证研究[J]. 中国科技期刊研究，2013，24（3）：475.

表 4.10 *Statistical Science*(2005—2014 年)排名前 10 位[①]的论文基金资助机构

基金资助机构	记录数	占比
National Science Foundation(NSF)	65	23.05%
National Institutes of Health(NIH)	54	19.15%
UK Research Innovation(UKRI)	16	5.67%
Natural Sciences and Engineering Research Council of Canada(NSERC)	10	3.55%
Consultative Group for International Agricultural Research (CGIAR)	7	2.48%
Engineering Physical Sciences Research Council (EPSRC)	7	2.48%
Medical Research Council UK (MRC)	7	2.48%
Agence Nationale de la Recherche (ANR)	5	1.77%
European Research Council(ERC)	5	1.77%
National Security Agency(NSA)	4	1.42%

表 4.11 *Annals of Statistics*(2005—2014 年)排名前 10 位[②]的论文基金资助机构

基金资助机构	记录数	占比
National Science Foundation(NSF)	380	35.28%
National Institutes of Health(NIH)	198	18.38%
National Natural Science Foundation of China(NSFC)	54	5.01%
German Research Foundation (DFG)	36	3.34%
Agence Nationale de la Recherche (ANR)	29	2.69%
Natural Sciences and Engineering Research Council of Canada(NSERC)	29	2.69%
UK Research Innovation(UKRI)	27	2.51%
Australian Research Council(ARC)	24	2.23%
Engineering Physical Sciences Research Council(EPSRC)	24	2.23%
United States Department of Defense(DOD)	23	2.14%
Air Force Office of Scientific Research(AFOSR)	17	1.59%
Office of Naval Research(ONR)	13	1.21%

① 由于 *Statistical Science* 发表论文数量较少，所以这里排名前 10 位的统计包括记录数相同的不同基金。

② 这里统计的是按照记录数排名前 10 位(记录数相同则排名相同)的基金。

表 4.12 *Journal of the American Statistical Association*（2005—2014 年）排名前 10 位[①] 的论文基金资助机构

基金资助机构	记录数	占比
National Science Foundation（NSF）	363	27.94%
National Institutes of Health（NIH）	309	23.79%
National Natural Science Foundation of China（NSFC）	43	3.31%
Natural Sciences and Engineering Research Council of Canada（NSERC）	33	2.54%
UK Research Innovation（UKRI）	33	2.54%
German Research Foundation（DFG）	23	1.77%
King Abdullah University of Science and Technology（KAUST）	21	1.62%
Consultative Group for International Agricultural Research（CGIAR）	18	1.39%
Australian Research Council（ARC）	16	1.23%
Hong Kong Research Grants Council（RGC）	15	1.15%
Swiss National Science Foundation（SNSF）	15	1.15%
Engineering Physical Sciences Research Council（EPSRC）	13	1.00%
Spanish Government	13	1.00%

4.1.5 作者分布的统计分析

由于 *Statistical Science* 具有较高的影响因子，在统计学界具有较高的声誉，并且每年经审核得以发表其上的论文数量比其他统计类期刊少很多（最多的 2014 年仅刊发 43 篇论文），所以能在其上发表多篇论文的作者一定是在统计学研究上独具造诣的学者。发表 5 篇论文的 Fienberg S E 就是国际统计学界非常著名的专家。如表 4.13 所示，2005—2014 年十年间，在 *Statistical Science* 上发文 3 篇及以上的作者有 18 位。

表 4.13 *Statistical Science*（2005—2014 年）发文 3 篇及以上的作者

发文作者	记录数	占比
Fienberg S E	5	1.77%
Efron B	4	1.42%
Hand D J	4	1.42%
Meng X L	4	1.42%
Stigler S M	4	1.42%
Wells M T	4	1.42%
Casella G	3	1.06%
Davison A C	3	1.06%
Gelman A	3	1.06%

① 这里统计的是按照记录数排名前 10 位（记录数相同则排名相同）的基金。

续表

发文作者	记录数	占比
Ghosh M	3	1.06%
Greenland S	3	1.06%
Jordan M I	3	1.06%
Molenberghs G	3	1.06%
Muller P	3	1.06%
Roberts G O	3	1.06%
Rubin D B	3	1.06%
Verbeke G	3	1.06%
Wasserman L	3	1.06%

Annals of Statistics 年均发表论文 100 篇左右，比 *Statistical Science* 的发文数多出 3 倍多。2005—2014 年，在 *Annals of Statistics* 上发表论文 10 篇及以上的作者有 11 位（文 4.14），其中发文数量最多的是在非参数统计、密度估计和带宽选择等方面做出重大贡献的国际统计学大师 Hall P G，其总共发表了 32 篇统计类论文。著名的统计学家蔡天文（CAI T T）发文 22 篇。还有著名的华人统计学家范剑青（Fan J Q），发文 18 篇。

表 4.14 *Annals of Statistics*（2005—2014 年）发文 10 篇及以上的作者

发文作者	记录数	占比
Hall P G	32	2.97%
Cai T T	22	2.04%
Fan J Q	18	1.67%
Dette H	12	1.11%
Jacod J	12	1.11%
Tsybakov A B	12	1.11%
Wasserman L	11	1.02%
Zhou H H	11	1.02%
Lahiri S N	10	0.93%
Wainwright M J	10	0.93%
Wu W B	10	0.93%

发文 3 篇及以上的作者有 212 人，远远超过了 *Statistical Science* 的 18 位。

在 *Journal of the American Statistical Association* 发文的高产作者主要有贝叶斯学派的 Dunson D B（21 篇），还有 Rosenbaum P R（20 篇）和 Carroll R J（18 篇）。著名的华人统计学者范剑青（Fan J Q）发文 17 篇。Hall P G 在该期刊上发文 12 篇。2005—2014 年，在该期刊上发文 10 篇及以上的作者有 9 位（表 4.15）。

表 4.15 *Journal of the American Statistical Association*(2005—2014 年)发文 10 篇及以上的作者

发文作者	记录数	占比
Dunson D B	21	1.71%
Rosenbaum P R	20	1.63%
Carroll R J	18	1.47%
Fan J Q	17	1.38%
Ibrahim J G	15	1.22%
Hall P G	12	0.98%
Zeng D L	12	0.98%
Small D S	11	0.90%
Qin J	10	0.81%

4.1.6 高被引频次论文的统计分析

如表 4.16 所示,2005—2014 年,*Statistical Science* 发表的 282 篇论文在十年间的总被引频次为 4 662 次,篇均被引 16.53 次,*h* 指数①为 36。如表 4.17 所示,2015—2022 年,*Statistical Science* 发表的 270 篇论文在八年间的总被引频次为 4 259 次,篇均被引 15.77 次,*h* 指数为 34。

加菲尔德曾说:“关于被引频次所测度的性质,有两点是众所周知的。其一,它是一种对质量的肯定,一般反映对有关科研工作的承认。其二,它在同行意见的形成中扮演着重要角色。”②

按照被引频次降序排列,排在最前面的论文是受关注度、学术影响力比较高的,分析这些高被引论文可以发现当时统计学研究的热点前沿。

表 4.16 *Statistical Science*(2005—2014)被引频次排名前 10 的论文

序号	题目	作者	出版年	被引频次
1	Demystifying double robustness: a comparison of alternative strategies for estimating a population mean from incomplete data	Kang J D Y.; Schafer, J L	2007	184
2	Boosting algorithms: regularization, prediction and model fitting	Buehlman, P; Hothorn T	2007	183
3	Markov Chain Monte Carlo methods and the label switching problem in Bayesian mixture modeling	Jasra A; Holmes C C; Stephens D A	2005	181
4	Classifier technology and the illusion of progress	Hand D J	2006	179

① *h* 指数(*h*-index)是一个混合量化指标,由美国加利福尼亚大学圣地亚哥分校的物理学家乔治·赫希(Jorge Hirsch)在 2005 年提出,其目的是量化科研人员作为独立个体的研究成果。其含义是,一名科学家的 *h* 指数是指其发表的 *N* 篇论文中有 *h* 篇每篇至少被引 *h* 次。赫希认为 *h* 指数能够比较准确地反映一个人的学术成就,一个人的 *h* 指数越高,则表明他的论文的影响力越大。

② 尤金•加菲尔德. 引文索引法的理论及应用[M]. 侯汉青,等译. 北京:北京图书馆出版社,2004.

续表

序号	题目	作者	出版年	被引频次
5	Identification: inference and sensitivity analysis for causal mediation effects	Imai K; Keele L; Yamamoto T	2010	145
6	Microarrays, empirical Bayes and the two-groups model	Efron B	2008	111
7	Population structure and cryptic relatedness in genetic association studies	Astle W; Balding D J	2009	108
8	Network-based marketing: identifying likely adopters via consumer networks	Hill S; Provost F; Volinsky C	2006	98
9	To explain or to predict?	Shmueli G	2010	88
10	Statistical modeling of spatial extremes	Davison A C; Padoan S A; Ribatet M	2012	80

表 4.17 *Statistical Science*(2015—2022 年)被引频次排名前 10 位的论文

序号	题目	作者	出版年	被引频次
1	Penalising model component complexity: a principled, practical approach to constructing priors	Simpson D; Rue H; Riebler A; Martins T G; Sorbye S H	2017	388
2	On particle methods for parameter estimation in state-space models	Kantas N; Doucet A; Singh S S; Maciejowski J; Chopin N	2015	220
3	Cross-covariance functions for multivariate geostatistics	Genton M G; Kleiber W	2015	149
4	Multi-armed bandit models for the optimal design of clinical trials: benefits and challenges	Villar S S; Bowden J; Wason J	2015	125
5	Extropy: complementary dual of entropy	Lad F; Sanfilippo G; Agro G	2015	111
6	Inference for nonprobability samples	Elliott M R; Valliant R	2017	110
7	High-dimensional inference: confidence intervals, p-values and R-software hdi	Dezeure R; Buehlmann P; Meier L; Meinshausen N	2015	103
8	Close-kin mark-recapture	Bravington M V; Skaug H J; Anderson E C	2016	80
9	Functional data analysis of amplitude and phase variation	Marron J S; Ramsay J O; Sangalli L M; Srivastava A	2015	80
10	Outcome-wide longitudinal designs for causal inference: a new template for empirical studies	Van der Weele T J; Mathur M B; Chen Y	2020	72

如表 4.18 所示，2005—2014 年,在 *Annals of Statistics* 上发表的 1 077 篇论文在十年间的总被引频次为 22 814 次,篇均被引 21.18 次，h 指数为 67。如表 4.19 所示，2015—2022 年，*Annals of Statistics* 发表的 912 篇论文在八年间的总被引频次为 15 013 次,篇均被引 16.46 次,h 指数为 55。

表 4.18 *Annals of Statistics*(2005—2014 年)被引频次排名前 10 位的论文

序号	题目	作者	出版年	被引频次
1	The Dantzig selector: statistical estimation when *p* is much larger than *n*	Candes E; Tao T	2007	778
2	High-dimensional graphs and variable selection with the Lasso	Meinshausen N; Buehlmann P	2006	650
3	Simultaneous analysis of Lasso and Dantzig selector	Bickel P J; Ritov Y; Tsybakov A B	2009	366
4	One-step sparse estimates in nonconcave penalized likelihood models	Zou H; Li R	2008	304
5	Nearly unbiased variable selection under minimax concave penalty	Zhang C H	2010	296
6	Regularized estimation of large covariance matrices	Bickel P J; Levina E	2008	264
7	Kernel density estimation via diffusion	Botev Z I; Grotowski J F; Kroese D P	2010	260
8	On the degrees of freedom of the Lasso	Zou H; Hastie T; Tibshirani R	2007	227
9	The sparsity and bias of the Lasso selection in high-dimensional linear regression	Zhang C H; Huang J	2008	204
10	Covariance regularization by thresholding	Bickel P J; Levina E	2008	186

表 4.19 *Annals of Statistics*(2015—2022 年)被引频次排名前 10 位的论文

序号	题目	作者	出版年	被引频次
1	Generalized random forests	Athey S; Tibshirani J; Wager S	2019	302
2	Exact post-selection inference, with application to the Lasso	Lee J D; Sun D L; Sun Y; Taylor J E	2016	302
3	Best subset selection via a modern optimization lens	Bertsimas D; King A; Mazumder R	2016	272
4	Controlling the false discovery rate via knockoffs	Barber R F; Candes E J	2015	253
5	Consistency of spectral clustering in stochastic block models	Lei J; Rinaldo A	2015	221
6	Consistency of random forests	Scornet E; Biau G; Vert J P	2015	189
7	Matrix estimation by universal singular value thresholding	Chatterjee S	2015	188
8	Regularized estimation in sparse high-dimensional time series models	Basu S; Michailidis G	2015	170
9	Statistical inference in two-sample summary-data mendelian randomization using robust adjusted profile score	Zhao Q; Wang J; Hemani G; Bowden J; Small D S	2020	160
10	Bayesian linear regression with sparse priors	Castillo I; Schmidt-Hieber J; Van der Vaart A	2015	157

如表 4.20 所示，2005—2014 年,在 *Journal of the American Statistical Association* 发表的 1 229 篇论文在十年间的总被引频次为 23 747 次,篇均被引 19.62 次，*h* 指数为 66。如表

4.21 所示，2015—2022 年，*Journal of the American Statistical Association* 发表的 1 355 篇论文在八年间的总被引频次为 19 296 次，篇均被引 14.24 次，*h* 指数为 60。

表 4.20 *Journal of the American Statistical Association*（2005—2014 年）被引频次排名前 10 位的论文

序号	题目	作者	出版年	被引频次
1	The adaptive Lasso and its oracle properties	Zou H	2006	1157
2	Hierarchical Dirichlet processes	Teh Y W; Jordan M I; Beal M J; Blei D M	2006	539
3	The Bayesian Lasso	Park T; Casella G	2008	434
4	A tale of two time scales: determining integrated volatility with noisy high-frequency data	Zhang L; Mykland P A; Ait-Sahalia Y	2005	406
5	Functional data analysis for sparse longitudinal data	Yao F; Muller H G; Wang J L	2005	254
6	Statistical analysis of a telephone call center: a queueing-science perspective	Brown L; Gans N; Mandelbaum A; Sakov A; Shen H P; Zeltyn S; Zhao L	2005	219
7	Convexity, classification, and risk bounds	Bartlett P L; Jordan M I; McAuliffe J D	2006	214
8	Causal inference using potential outcomes: design, modeling, decisions	Rubin D B	2005	186
9	Prediction by supervised principal components	Bair E; Hastie T; Paul D; Tibshirani R	2006	175
10	Assessing evidence inconsistency in mixed treatment comparisons	Lu G B; Ades A E	2006	174

表 4.21 *Journal of the American Statistical Association*（2015—2022 年）被引频次排名前 10 位的论文

序号	题目	作者	出版年	被引频次
1	Smoothing parameter and model selection for general smooth models	Wood S N; Pya N; Saefken B	2016	494
2	Estimation and inference of heterogeneous treatment effects using random forests	Wager S; Athey S	2018	330
3	Balancing covariates via propensity score weighting	Li F; Morgan K L; Zaslavsky A M	2018	273
4	A model of text for experimentation in the social sciences	Roberts M E; Stewart B M; Airoldi E M	2016	248
5	Hierarchical nearest-neighbor Gaussian process models for large geostatistical datasets	Datta A; Banerjee S; Finley A O; Gelfand A E	2016	229
6	Exact post-selection inference for sequential regression procedures	Tibshirani R J; Taylor J; Lockhart R; Tibshirani R	2016	162
7	Dirichlet-Laplace priors for optimal shrinkage	Bhattacharya A; Pati D; Pillai N S; Dunson D B	2015	159

续表

序号	题目	作者	出版年	被引频次
8	Randomized controlled field trials of predictive policing	Mohler G O; Short M B; Malinowski S; Johnson M; Tita G E; Bertozzi A L; Brantingham P J	2015	157
9	Optimal data-driven regression discontinuity plots	Calonico S; Cattaneo M D; Titiunik R	2015	149
10	A minimax optimal ridge-type set test for global hypothesis with applications in whole genome sequencing association studies	Liu Y; Li Z; Lin X	2022	147

4.2 国外统计学热点前沿的挖掘

我们以前面采集的 3 种来源期刊（*Statistical Science*、*Annals of Statistics* 和 *Journal of the American Statistical Association*）2005—2014 年发表的 2 588 条文献为数据样本，利用 CiteSpace 软件分析国外统计学研究热点和前沿。所采用的 CiteSpace 的版本是 4.0.R5 SE（64-bit），是陈超美教授于 2015 年 12 月 29 日更新的软件最新版本。

以 3 种来源期刊 2015—2022 年发表的 2 537 条文献为数据样本，采用 2023 年 1 月 8 日更新的 CiteSpace 6.1.R6（64-bit）版本进行可视化分析。

从第 2 章关于词频分析的介绍中可以得知，词频分析经常被用于了解学科、领域的研究热点，如高频词揭示的研究热点。加上时间维度，就可以了解这一学科的发展趋势及主题演进情况。

利用 CiteSpace 进行共词分析是指通过识别名词性术语（terms）或直接读取关键词（keywords），并通过探测突变词（burst terms）来识别主题的变化以及将结果进行可视化图谱展示，直观地呈现主题在研究时间范围内的变化情况。共现网络的聚类命名使用 3 种算法从标题、关键词或摘要中提取，利用 CiteSpace 4.0.R5 SE（64-bit）对 2005—2014 年发表的文献进行分析时，采用的 3 种算法是逆向文本频率算法（term frequency-inverse document frequency, TF-IDF）、对数极大似然估计（log-likelihood ratio, LLR）和交互信息算法（mutual information, MI）。利用 CiteSpace 6.1.R6 SE（64-bit）对 2015—2022 年发表的文献进行分析时，采用的 3 种算法是潜在语义索引算法（latent semantic indexing ， LSI）、对数极大似然估计和交互信息算法。

4.2.1 从关键词共现网络识别研究热点

利用信息可视化软件 CiteSpace 4.0.R5 SE（64-bit）对 2005—2014 年的 2 588 条数据进行数据预处理，除重后得到 2 088 条数据。以一年为时间切片，每个切片选取排在前 50 位的关键词（keyword），得到节点数为 152 个、连线数为 800、密度为 0.069 7 的关键词共现网络（图 4.7）。

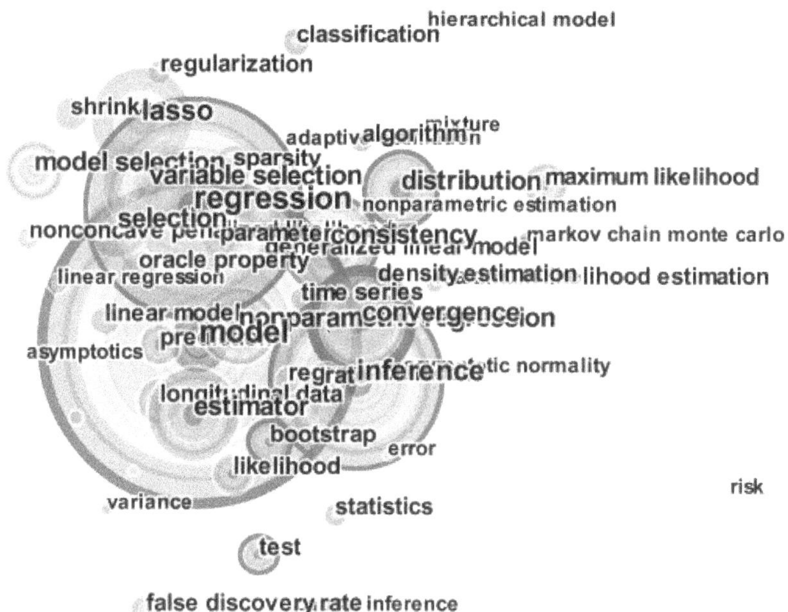

图 4.7　2005—2014 年 WOS 期刊关键词共现图谱

图 4.7 中的节点大小代表中介中心性的大小，用 CiteSpace 最经典的节点显示方法——年轮表示法来绘制节点。节点的大小反映节点关键词出现的次数，节点越大说明该关键词出现的频次越高，则该节点就越重要。节点的年轮圈代表不同年份发表论文的数量，某个年份的年轮越宽，则说明该年份出现该关键词的频次越大。从图 4.7 中可以直观地看到关键词 model（模型）、regression（回归）、bootstrap（自助法）、Lasso、inference（推断）、consistency（一致性）、estimator（估计）、variable selection（变量选择）、nonparametric regression（非参数回归）、distribution（分布）等是被引频次较高、中介中心性较大的重要关键词。

利用信息可视化软件 CiteSpace 6.1.R6 SE（64-bit）对 2015—2022 年的 2 537 条数据进行数据预处理，除重后得到 2 515 条 article（论文）数据（除此之外，还有 20 条 editorial material（编辑资料）和 2 条 review（综述）。以一年为时间切片，每个切片选取排在前 50 位的关键词（keyword），得到节点数为 159 个、连线数为 1 162、密度为 0.092 5 的关键词共现网络（图 4.8）。

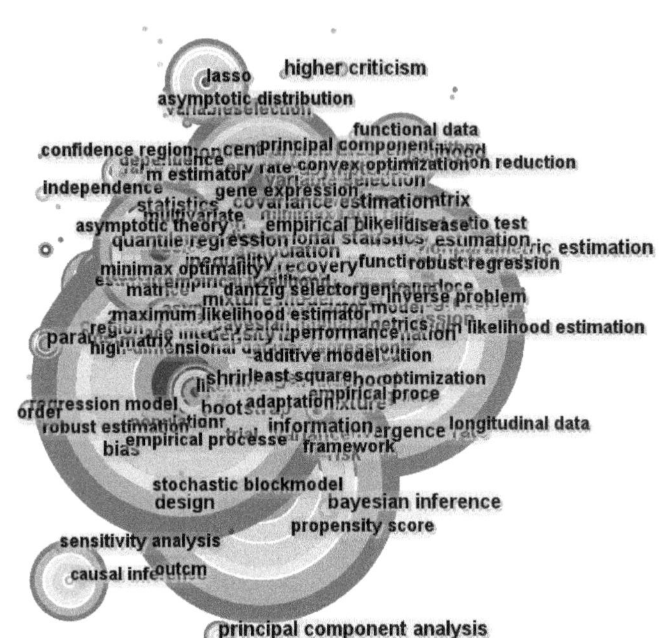

图 4.8 2015—2022 年 WOS 期刊关键词共现图谱

从 2005—2014 年的关键词中选取出现频次在 30 次及以上的关键词（表 4.22）进行聚类分析，并利用软件绘制时区视图（图 4.9），据此可以了解国外统计学研究 2005—2014 年的研究热点和趋势变化。

表 4.22 2005—2014 年 WOS 期刊热点关键词

关键词	频次	中介中心性	出现年份	关键词	频次	中介中心性	出现年份
model	340	0.13	2005	nonconcave penalized likelihood	45	0.02	2008
regression	237	0.09	2005	asymptotics	44	0.05	2008
inference	182	0.10	2005	asymptotic normality	44	0.07	2005
consistency	127	0.10	2005	regression model	44	0.05	2005
Lasso	123	0.05	2006	variance	43	0.01	2005
estimator	121	0.09	2005	risk	41	0.01	2005
convergence	118	0.08	2005	nonparametric estimation	40	0.01	2005
variable selection	113	0.03	2006	Markov chain monte carlo	40	0.01	2005
nonparametric regression	106	0.07	2005	linear regression	40	0	2007

续表

关键词	频次	中介中心性	出现年份	关键词	频次	中介中心性	出现年份
distribution	97	0.12	2005	mixture	39	0.04	2006
model selection	86	0.07	2005	bayesian inference	38	0.03	2005
selection	84	0.04	2006	identification	37	0.01	2007
maximum likelihood	73	0.05	2005	efficiency	36	0.02	2005
rate	72	0.04	2005	causal inference	36	0.04	2006
likelihood	68	0.03	2005	adaptive estimation	35	0.06	2005
longitudinal data	67	0.05	2005	Dantzig selector	35	0	2011
bootstrap	64	0.22	2005	oracle inequality	35	0.01	2010
sparsity	63	0.05	2009	error	35	0.01	2005
test	63	0.09	2005	convergence rate	35	0.04	2006
prediction	59	0.03	2005	inequality	34	0.03	2007
parameter	59	0.04	2005	central limit theorem	34	0.06	2005
classification	56	0.03	2006	clinical trial	33	0.03	2007
linear model	56	0.02	2006	posterior distribution	33	0.02	2006
density estimation	55	0.04	2005	empirical baye	32	0.05	2005
false discovery rate	54	0.04	2005	probability	32	0	2009
time series	54	0	2005	approximation	32	0	2006
shrinkage	52	0.03	2005	design	32	0.01	2007
algorithm	50	0.05	2005	hierarchical model	32	0.01	2007
oracle property	50	0.02	2009	number	31	0	2005
maximum likelihood estimation	50	0.02	2005	functional data analysis	31	0.01	2006
regularization	49	0.03	2007	prior	31	0	2013
generalized linear model	48	0.04	2005	curve	30	0	2005
statistics	46	0.04	2005	deconvolution	30	0.01	2007

从2015—2022年的关键词中选取出现频次在25次及以上、中介中心性不为0的关键词（表4.23）进行聚类分析，据此可以了解国外统计学研究近八年来的研究热点和趋势变化。

表4.23 2015—2022年WOS期刊热点关键词

关键词	频次	中介中心性	出现年份	关键词	频次	中介中心性	出现年份
model	325	0.01	2015	density estimation	49	0.05	2015
regression	313	0.02	2015	principal component analysis	47	0.05	2015

续表

关键词	频次	中介中心性	出现年份	关键词	频次	中介中心性	出现年份
inference	301	0.01	2015	asymptotic normality	46	0.04	2015
variable selection	185	0.02	2015	risk	44	0.05	2015
convergence	168	0.02	2015	maximum likelihood estimation	44	0.02	2015
selection	157	0.02	2015	central limit theorem	43	0.05	2015
Lasso	112	0.01	2015	time series	42	0.01	2016
rate	106	0.01	2015	optimal rate	42	0.02	2015
confidence interval	103	0.02	2015	bayesian inference	40	0.04	2015
causal inference	101	0.02	2015	linear model	39	0.04	2015
distribution	98	0.01	2015	asymptotics	38	0.05	2015
algorithm	93	0.01	2015	variance	37	0.06	2015
estimator	92	0.03	2015	minimax rate	35	0.01	2015
test	91	0.02	2015	linear regression	33	0.01	2017
model selection	87	0.01	2015	high-dimensional data	33	0.03	2015
consistency	81	0.03	2015	shrinkage	32	0.03	2015
number	78	0.02	2015	dimension reduction	32	0.01	2015
likelihood	77	0.02	2015	recovery	31	0.02	2016
prediction	70	0.01	2015	missing data	31	0.02	2015
bound	69	0.06	2015	information	31	0.03	2015
statistics	62	0.03	2015	dependence	29	0.01	2018
approximation	60	0.04	2015	regression model	29	0.01	2015
convergence rate	58	0.04	2015	network	29	0.02	2015
identification	57	0.02	2015	mixture	29	0.02	2015
false discovery rate	57	0.02	2015	adaptive estimation	29	0.03	2015
nonparametric regression	56	0.04	2015	regularization	28	0.02	2016
maximum likelihood	55	0.03	2015	longitudinal data	28	0.02	2015
classification	55	0.02	2015	graph	28	0.03	2015
nonparametric estimation	51	0.02	2015	Markov chain monte carlo	27	0.02	2015
design	50	0.04	2015	association	27	0.03	2015
bootstrap	50	0.03	2015	higher criticism	26	0.03	2015
parameter	49	0.04	2015	factor model	25	0.01	2016
nonconcave penalized likelihood	49	0.02	2015	density	25	0.03	2016

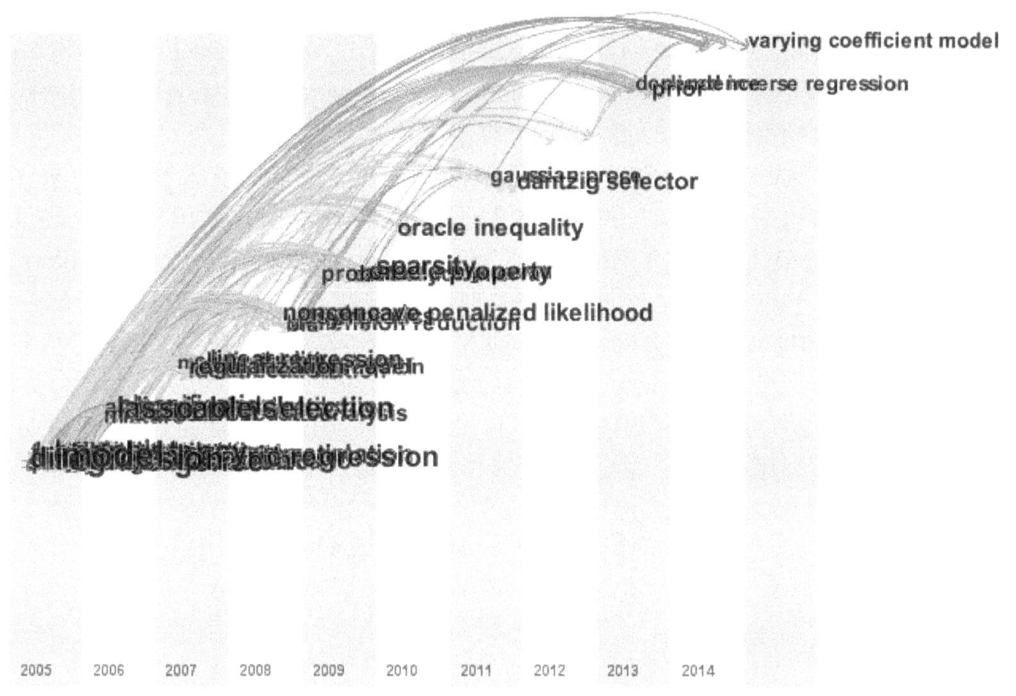

图 4.9　2005—2014 年 WOS 期刊关键词共现时区视图

从以上关键词共现的可视化图谱中分析得知，国外的综合类统计期刊主要集中于统计方法、理论等的研究。从时区图谱中可以分析得出 2005—2014 年统计研究热点随时间的变化和演进趋势。在 2005 年出现的高频热点关键词最多，有 model（模型）、regression（回归）、inference（推断）、convergence（收敛）、bootstrap（自助法）、consistency（一致性）、estimator（估计）、nonparametric regression（非参数回归）、distribution（分布）等。2006 年开始出现 Lasso、variable selection（变量选择）、classification（分类）、linear model（线性模型）等相关主题的研究。2007 年出现了对 regularization（正则化）、linear regression（线性回归）、identification（识别）、clinical trial（临床试验）、hierarchical model（分层模型）、inequality（不等式）、deconvolution（反褶积）等主题的研究热潮。nonconcave penalized likelihood（非凹惩罚似然）、asymptotics（渐近性）等主题在 2008 年研究得较多。2009 年的研究热点有 sparsity（稀疏）、oracle property（oracle 性质）。2010 年有 probability（概率）、oracle inequality（oracle 不等式）等高频关键词。2011 年有 Dantzig selector、Gaussian process（高斯过程）等高频关键词。2012 年有 optimal rate（最优速度）、thresholding（阈值）、graph（图）、efficient estimation（有效估计）、covariance matrix 协方差矩阵、adaptive Lasso（自适应 Lasso）等高频关键词。2013 年出现频次较多的是 prior（优先性）、sliced inverse regression（分段逆回归）、dependence（相依性）、principal component analysis（主成分分析）、exponential family（指数分布族）等。2014 年 varying coefficient model（变系数模型）、graphical model（图模型）、covariance（协方差）等研究主题出现频次较多。

2015—2022 年，高频热点关键词出现最多的仍然是 model（模型）、regression（回归）、

inference（推断）、variable selection（变量选择）、convergence（收敛）、Lasso 等。2016 年开始出现 time series（时间序列）、recovery、regularization（正则化）、factor model（因子模型）、density 等主题的集中研究。2017 年开始出现高频关键词 linear regression（线性回归）的研究。2018 年开始出现高频关键词 dependence 的研究。

在可视化界面，选择“Burstness”（突发性）功能来进行关键词的突发性探测分析，得到 2005—2014 年突发性最强的 14 个关键词的起止时间（图 4.10）。图 4.10 中的一小节代表一年，颜色最黑的小节代表突发年份。例如，“influence function”和“nonparametric problem”是 2005 年和 2006 年的突发词。这 14 个关键词中突发强度最强的是“regularization”（正则化），突发出现在 2011 年，结束于 2012 年，也就是说这两年研究正则化的文章突然增多，成为爆发的研究热点。另外，“sparsity”（稀疏）的突发强度也很大，为 5.933 6，关于这一主题的研究文献在 2012—2014 年突然增多。还有 2011 年和 2012 年的研究热点 Lasso 分布，2011—2014 年的研究热点“Dantzig selector”等都可以清晰地看到。

Top 14 Keywords with Strongest Citation Bursts

Keywords	Year	Strength	Begin	End	2005—2014
influence function	2005	2.945 9	2005	2006	
nonparametric problem	2005	3.067 6	2005	2006	
convergence	2005	2.662 4	2006	2007	
oracle inequality	2005	3.408 7	2010	2012	
inequality	2005	2.477 3	2010	2011	
Lasso	2005	4.929 3	2011	2012	
regularization	2005	6.333 3	2011	2012	
recovery	2005	3.732 2	2011	2014	
Dantzig selector	2005	4.302 2	2011	2014	
multivariate normal distribution	2005	3.312 6	2012	2014	
sparsity	2005	5.933 6	2012	2014	
covariance matrix estimation	2005	3.119 7	2012	2014	
high frequency data	2005	2.462 7	2012	2014	
selection	2005	3.937 9	2012	2014	

图 4.10　2005—2014 年 WOS 期刊突变词监测结果

同样可得到 2015—2022 年突发性最强的 25 个关键词的起止时间（图 4.11）。这 25 个关键词中突发强度最强的是 community detection（社区发现或社团挖掘算法），强度为 7.12，突发出现在 2020 年，结束于 2022 年，也就是说这三年研究社区发现算法或使用社团挖掘算法做研究的文章突然增多，成为爆发的研究热点。oracle property（oracle 性质）的突发强度也很大，为 6.17，在 2015 年出现， 2015—2017 年研究文献突然增多。covariance（协方差）的突发性强度为 5.03，突发出现在 2020 年，持续热度维持了三年，到 2022 年结束。

Top 25 Keywords with Strongest Citation Bursts

Keywords	Year	Strength	Begin	End	2015—2022
oracle property	2015	6.17	2015	2017	
em algorithm	2015	4.71	2015	2017	
trial	2015	4.38	2015	2017	
simulation	2015	4.29	2015	2017	
oracle inequality	2015	4.16	2015	2016	
sample	2015	4	2015	2017	
dantzig selector	2015	3.64	2015	2018	
hierarchical model	2015	3.23	2015	2016	
likelihood	2015	4.38	2016	2017	
space	2016	4.26	2016	2018	
curve	2016	3.77	2016	2017	
survival	2016	3.3	2016	2017	
disease	2016	3.28	2016	2019	
population	2016	3.16	2016	2018	
model misspecification	2017	3.13	2017	2018	
linear regression	2017	3.06	2017	2019	
functional	2019	3.73	2019	2020	
largest eigenvalue	2019	3.47	2019	2022	
machine learning	2019	3.43	2019	2022	
community detection	2020	7.12	2020	2022	
covariance	2020	5.03	2020	2022	
dependence	2018	4.42	2020	2022	
gaussian approximation	2020	4.35	2020	2022	
von mises theorem	2020	3.91	2020	2022	
precision medicine	2020	3.48	2020	2022	

图 4.11 2015—2022 年 WOS 期刊突变词监测结果

4.2.2 从文献共被引网络分析研究前沿

对 2005—2014 年数据除重后得到的 2 088 条数据的 40 165 篇引文信息进行文献共被引分析，以默认的一年为时间切片，每个切片选取排在前 50 位的引文（cited reference），得到节点数为 249、连线数为 1 971、密度为 0.063 8 的文献共被引网络（图 4.12）。

对 2015—2022 年数据除重后得到的 2 515 条数据的 59 986 篇引文信息进行文献共被引分析，以默认的一年为时间切片，每个切片选取排在前 50 位的引文（cited reference），得到节点数为 580、连线数为 2 245、密度为 0.013 4 的文献共被引网络（图 4.13）。

4.2.2.1 2005—2014 年国外统计学的研究前沿

对 2005—2014 年文献共被引网络进行聚类，从标题“T”提取名词性术语为聚类命名，通过 LLR 算法来提取聚类标签用于可视化图谱展示，得到六个聚类（图 4.14）。聚类后显示 modularity（模块性）的 Q 值为 0.497 8，Q 取值为[0, 1]，Q>0.3（经验值）通常意味着划分出来的社团网络结构是显著的，可以用于分析研究。Mean Silhouette（平均轮廓值）为 0.514 4，平均轮廓值是各样本点轮廓值的平均数，是用来衡量网络同质性的指标，越接近 1，说明网络的同质性越高。通常，轮廓值在 0.7 以上表明聚类结果是具有高信度的，轮廓值在 0.5 以上则认为聚类结果是合理的。

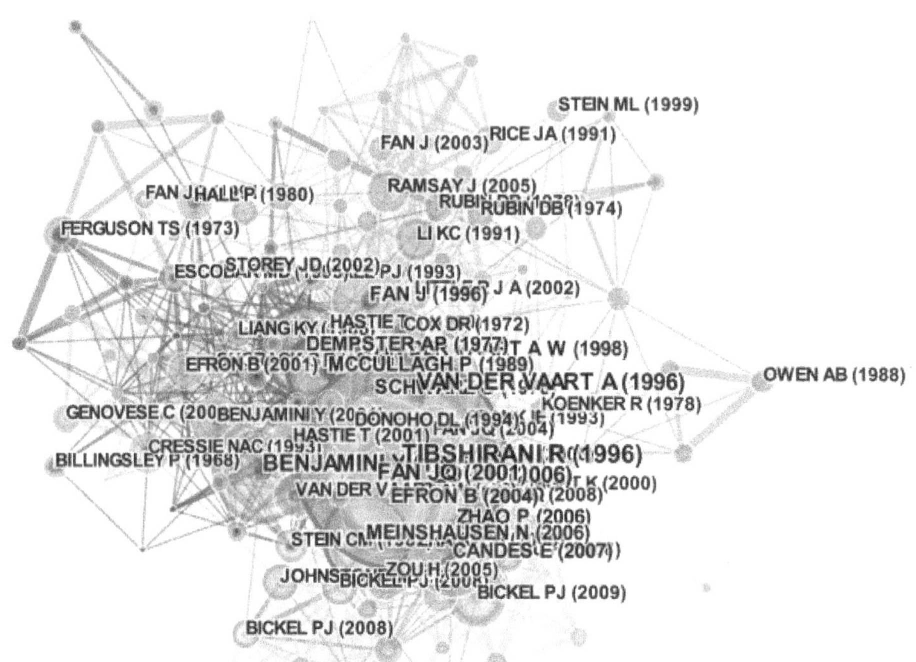

图 4.12 3 种期刊 2005—2014 年 WOS 文献共被引网络图谱

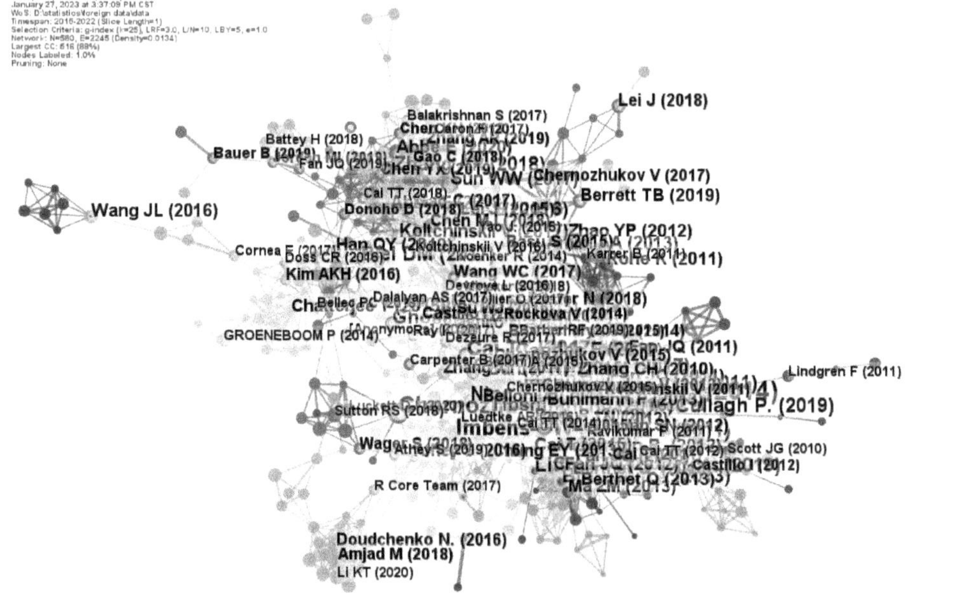

图 4.13 3 种期刊 2015—2022 年 WOS 文献共被引网络图谱

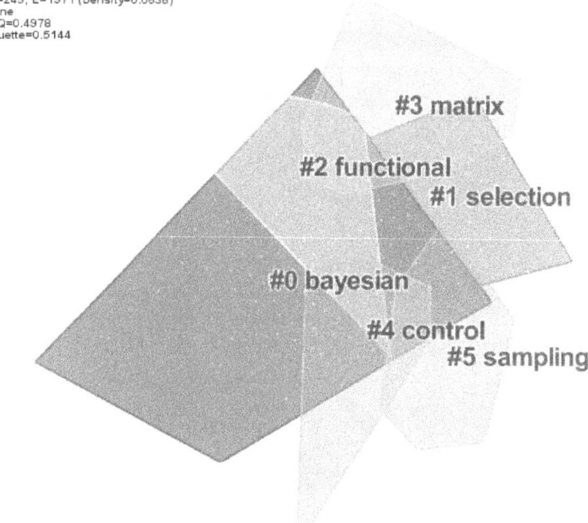

图 4.14　3 种期刊 2005—2014 年 WOS 文献共被引网络聚类图谱

前六个最大的聚类由 LLR 算法提取出来的命名分别如下：#0 命名为 bayesian（贝叶斯），#1 命名为 selection（选择），#2 命名为 functional（函数），#3 命名为 matric（矩阵），#4 命名为 control（控制），#5 命名为 sampling（抽样）。各个类团的主要信息内容如包含的文献数量、silhouette 值（同质性指标）、文献出现的平均年份以及通过 TF-IDF、LLR 和 MI 这 3 种不同算法抽取出的关键热词，通过软件功能导出聚类结果总结表（表 4.24）。

表 4.24　2005—2014 年聚类结果总结表

聚类编号	文献数量	同质性指标	平均年份	标签热词（TF-IDF）	标签热词（LLR）	标签热词（MI）
0	73	0.553	1991	health；search；posterior；time-varying；chain	bayesian；chain；models	current
1	64	0.768	2002	unbiased；nearly；recovery；uncertainty；penalty	selection；variable；penalty	basis
2	30	0.791	1996	deciding；geometry；comparison；minicircles；second-order	functional；space；functions	optimization
3	29	0.793	2002	vast；financial；high-frequency；settings；volatility	matrix；covariance；matrices	l-q-likelihood
4	24	0.837	1999	balanced；control；future；discovery；false	control；balanced；large-scale	optimization
5	21	0.925	1989	outcome-dependent；causal；epidemiology；observational；studies	sampling；observational；outcome-dependent	covariates

为了展示国外统计学引文随着时间的演进历程,绘制了时间线(Timeline)视图。在时间线视图中同一聚类的文献被放在同一条水平线上,各水平线的长度代表各自对应聚类的时间跨度,即水平线越长说明该聚类被研究的时间越长。如图 4.15 所示的 2005—2014 年文献共被引网络的时间线视图中, #0 聚类有关贝叶斯的研究时间跨度最长,历经了半个多世纪。其次是#5 聚类有关抽样的研究,持续时间也比较长,但 2005 年以后相关研究逐渐减少。

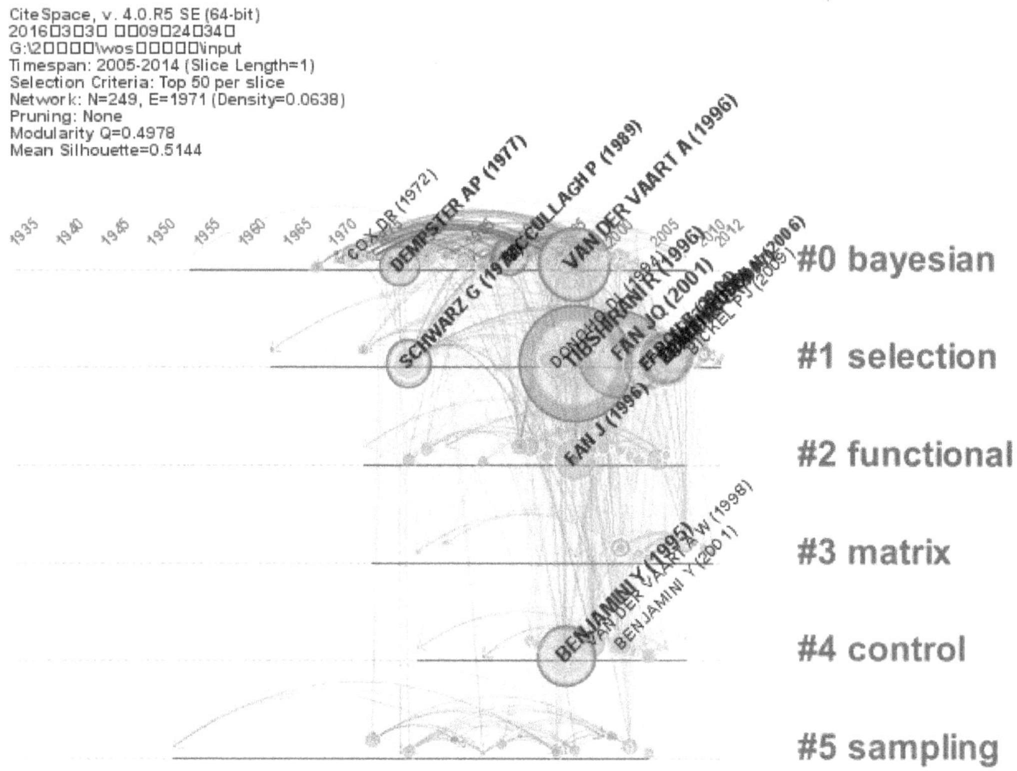

图 4.15 3 种期刊 2005—2014 年 WOS 文献共被引网络时间线视图

此外,时间线视图的最上面显示时间,由左到右的时间由远及近显示出来。聚类在右侧显示,从上到下聚类的编号由小到大,聚类包含文献数量由多到少,所以最上面的水平线聚集的文献最多。

聚类一:贝叶斯(Bayesian)研究

#0 聚类是本次聚类结果中最大的聚类,由 73 篇引文文献组成,引文文献节点的平均时间是 1991 年。聚类的同质性检验参数是 0.553,在合理范围内。图 4.15 中的聚类标签 Bayesian 是通过 LLR 算法从标题中提取出来的,通过 TF-IDF 算法从标题中提取出来的聚类命名为 health,由 MI 算法得到的聚类命名为 current。可见,这一聚类主要是有关贝叶斯算法及其应用于医学、生物、卫生健康等领域的研究。

引用热度最高的前 10 篇施引文献代表了本聚类的研究前沿,均为 2010 年出现的文献。引用热度最高的文献是 Kyung、Gill 和 Casella 在 2010 年发表的“Estimation in Dirichlet random effects models"(《Dirichlet 随机效应模型估计》),引用热度是 0.07(即该论文引用了本聚类的 7%的文献)。其他前沿文献还涉及 MCMC 算法、EM 算法等方面的热点研究和应用。此聚类反映了贝叶斯统计在当前计算机技术迅猛发展的背景下展现出来的优势,即完善的理论和直观的结论。基于 MCMC 的统计方法体现出在大数据时代的强大数据分析能力,克服了以往贝叶斯统计中计算量大的缺点①。

#0 聚类引用热度最高的前 10 篇研究前沿文献如下所示(从左到右依次是序号、引用热度、第一作者、出版年、标题,下同)。

[1] 0.07,Kyung M (2010) Estimation in Dirichlet random effects models.

[2] 0.05, Du P (2010) Penalized variable selection procedure for Cox models with semi-parametric relative risk.

[3] 0.05, Molenberghs G (2010) A family of generalized linear models for repeated measures with normal and conjugate random effects.

[4] 0.05, Prentice R L (2010) Chronic disease prevention research methods and their reliability, with illustrations from the women's health initiative.

[5] 0.05, Xue H Q (2010) Sieve estimation of constant and time-varying coefficients in nonlinear ordinary differential equation models by considering both numerical error and measurement error.

[6] 0.04, Efromovich S (2010) Dimension reduction and adaptation in conditional density estimation.

[7] 0.04,Fan X D (2010) The EM algorithm and the rise of computational biology.

[8] 0.04,Klemela J (2010) Empirical risk minimization in inverse problems.

[9] 0.04, Newton M A (2010) Gamma-based clustering via ordered means with application to gene-expression analysis.

[10] 0.04, Taddy M A (2010) Autoregressive mixture models for dynamic spatial poisson processes: application to tracking intensity of violent crime.

聚类二:变量选择(selection)或参数选择的研究

#1 聚类也是本次聚类中比较重要的聚类,由 64 篇引文文献组成,引文文献节点的平均时间是 2002 年。聚类的同质性检验参数是 0.768,聚类效果具有高可信度。依据 TF-IDF 算法从标题中提取出来的聚类命名为 unbiased,由 MI 算法得到的聚类命名为 basis。Zhang C H 的"Nearly unbiased variable selection under minimax concave penalty"(《基于极小极大凹惩罚的几乎无偏变量选择》)是最活跃的施引文献,共引用本聚类的 27%的文献。该文主要研究高维线性回归惩罚变量选择中极小极大凹惩罚(MCP)的作用。Huang J、Horowitz J L 和 Wei F R 的"Variable selection in nonparametric additive models"(《非参数加性模型中的变量选择》)也是比较重要的研究前沿文献,引用了本聚类 23%的文献。

#1 聚类的 10 篇研究前沿文献如下所示。

[1] 0.27, Zhang C H (2010) Nearly unbiased variable selection under minimax concave penalty.

① 孟生旺,袁卫. 大数据时代的统计教育[J]. 统计研究,2015,32(4):3-7.

[2] 0.23,Huang J A (2010) Variable selection in nonparametric additive models.

[3] 0.19,Bunea F (2010) Spades and mixture models.

[4] 0.17,Radchenko P (2010) Variable selection using adaptive nonlinear interaction structures in high dimensions.

[5] 0.17,Zhang Y Y (2010) Regularization parameter selections via generalized information criterion.

[6] 0.14,Fan J Q (2010) Sure independence screening in generalized linear models with NP-dimensionality.

[7] 0.14,Rosenbaum M (2010) Sparse recovery under matrix uncertainty.

[8] 0.12,Choi N H (2010) Variable selection with the strong heredity constraint and its oracle property.

[9] 0.12,Ravikumar P (2010) High-dimensional ising model selection using l (1)-regularized logistic regression.

[10] 0.12,Verzelen N (2010) Goodness-of-fit tests for high-dimensional Gaussian linear models.

聚类三:函数(functional)

#2 聚类由 30 篇文献组成,引文文献节点的平均时间是 1996 年。聚类的同质性检验参数是 0.791,聚类效果具有高可信度。本聚类主要研究了有关弱相关函数、高斯随机函数、函数线性模型等方面的问题。Li Y H 等的"Generalized functional linear models with semiparametric single-index interactions"(《半参数单一指标的广义函数线性模型》)的引用热度最高,为 0.37。

#2 聚类的 10 篇研究前沿文献如下所示。

[1] 0.37, Li Y H (2010) Generalized functional linear models with semiparametric single-index interactions.

[2] 0.3, Jiang C R (2010) Covariate adjusted functional principal components analysis for longitudinal data.

[3] 0.3, Li Y H (2010) Deciding the dimension of effective dimension reduction space for functional and high-dimensional data.

[4] 0.27,Hormann S (2010) Weakly dependent functional data.

[5] 0.27,Panaretos V M (2010) Second-order comparison of Gaussian random functions and the geometry of DNA minicircles.

[6] 0.23,Gabrys R (2010) Tests for error correlation in the functional linear model.

[7] 0.23, Li Y H (2010) Uniform convergence rates for nonparametric regression and principal component analysis in functional/longitudinal data.

[8] 0.20,Muller H G (2010) Empirical dynamics for longitudinal data.

[9] 0.17,Bathia N (2010) Identifying the finite dimensionality of curve time series.

[10] 0.17,Yuan M (2010) A reproducing kernel hilbert space approach to functional linear regression.

聚类四:矩阵(matrix)

#3 聚类也是本次聚类中比较重要的聚类,由 29 篇引文文献组成,文献节点的平均时间是 2002 年。聚类的同质性检验参数是 0.793,聚类效果具有高可信度。该聚类的研究的主要是高维或高频数据的协方差矩阵或随机矩阵的收敛速度、风险估计和信号检测等。El Karoui N 有三篇文章(引用热度分别为 0.28、0.17、0.10)都是这一研究领域的前沿文献。Cai T T(蔡天文)有两篇论文都是这一聚类中的前沿文献,一篇是"Optimal rates of convergence for covariance matrix estimation"(《协方差矩阵估计的最优收敛速度》),引用热度为 0.28;另一篇是有关稀疏矩阵估计的,并被应用到乳腺癌的数据分析中去验证方法的有效性。Hall P 和 Jin J S 的"Innovated higher criticism for detecting sparse signals in correlated noise"(《相关噪声中稀疏信号检测的改进》)引用热度为 0.07。

#3 聚类的 10 篇研究前沿文献如下所示。

[1] 0.28, El Karoui N (2010) High-dimensionality effects in the Markowitz problem and other quadratic programs with linear constraints: risk underestimation.

[2] 0.24,Cai T T (2010) Optimal rates of convergence for covariance matrix estimation.

[3] 0.21, Wang Y Z (2010) Vast volatility matrix estimation for high-frequency financial data.

[4] 0.17,El Karoui N (2010) The spectrum of kernel random matrices.

[5] 0.17,Lee S (2010) Convergence and prediction of principal component scores in high-dimensional settings.

[6] 0.10,El Karoui N (2010) On information plus noise kernel random matrices.

[7] 0.07,Arias-Castro E (2014) Community detection in dense random networks.

[8] 0.07, Cai T T (2011) A constrained l(1) minimization approach to sparse precision matrix estimation.

[9] 0.07,Chen S X (2010) Tests for high-dimensional covariance matrices.

[10] 0.07,Hall P (2010) Innovated higher criticism for detecting sparse signals in correlated noise.

聚类五:控制(control)

#4 聚类也是本次聚类中比较重要的聚类,由 24 篇引文文献组成,文献节点的平均时间是 1999 年。聚类的同质性检验参数是 0.837,聚类效果非常理想。Romano J P 和 Wolf M 的"Balanced control of generalized error rates"(《广义误差率的平衡控制》)是最活跃的论文,引用了本聚类 38%的文献。Cai T T(蔡天文)和 Jin J S 的"Optimal rates of convergence for estimating the null density and proportion of nonnull effects in large-scale multiple testing"(《大型多重测试中原密度估计和非原效应比例估计的最优收敛速度》)也很活跃,引用热度为 0.29。本聚类的应用案例有白血病和乳腺癌。

#4 聚类的 10 篇研究前沿文献如下所示。

[1] 0.38,Romano J P (2010) Balanced control of generalized error rates.

[2] 0.29, Cai T T (2010) Optimal rates of convergence for estimating the null density and proportion of nonnull effects in large-scale multiple testing.

[3] 0.29, Hu J X (2010) False discovery rate control with groups.

[4] 0.17, Chen S X (2010) A two-sample test for high-dimensional data with applications to gene-set testing.

[5] 0.17, Efron B (2010) The future of indirect evidence.

[6] 0.17, Hall P (2010) Innovated higher criticism for detecting sparse signals in correlated noise.

[7] 0.12, Bar H (2010) Laplace approximated EM microarray analysis: an empirical Bayes approach for comparative microarray experiments.

[8] 0.12, Cheng G A (2010) Bootstrap consistency for general semiparametric m-estimation.

[9] 0.12, Efron B (2010) Correlated *z*-values and the accuracy of large-scale statistical estimates.

[10] 0.08, Ahn K W (2010) Bayesian inference with incomplete multinomial data: a problem in pathogen diversity.

聚类六:抽样(sampling)

#5 聚类是此次研究中六个聚类中最小的一个,包含 21 篇引文文献,文献节点的平均时间是 1989 年,引文年代比较远。本聚类的同质性检验参数是 0.925,接近 1,是六个聚类中轮廓值最大的,反映了本聚类的高度同质性,效果具有高可信度。由 Didelez V、Kreiner S 和 Keiding N 共同撰写发表的"Graphical models for inference under outcome-dependent sampling"(《基于因变量抽样的推理所建的图模型》)引用热度最高,为 0.38。Didelez V、Meng S 和 Sheehan N A 的文章"Assumptions of IV methods for observational epidemiology"(《观察性流行病学的工具变量方法的假设》)的引用热度次之,为 0.24。这两篇文献的第一作者均为 Didelez V。本聚类的应用案例有流行病、围产期护理等。

#5 聚类的 10 篇研究前沿文献如下所示。

[1] 0.38, Didelez V (2010) Graphical models for inference under outcome-dependent sampling.

[2] 0.24, Didelez V (2010) Assumptions of IV methods for observational epidemiology.

[3] 0.14, Baiocchi M (2010) Building a stronger instrument in an observational study of perinatal care for premature infants.

[4] 0.14, Chen S X (2010) Anova for longitudinal data with missing values.

[5] 0.14, Shmueli G (2010) To explain or to predict?

[6] 0.10, Chatterjee N (2010) Inference in semiparametric regression models under partial questionnaire design and nonmonotone missing data.

[7] 0.10, Liu Y K (2010) Adjusted empirical likelihood with high-order precision.

[8] 0.10, Rosenbaum, P R (2010) Design sensitivity and efficiency in observational studies.

[9] 0.10, Tan Z Q (2010) Marginal and nested structural models using instrumental variables.

[10] 0.10, Wang L (2010) Nonparametric regression with missing outcomes using weight-

ed kernel estimating equations.

4.2.2.2 2015—2022 年国外统计学的研究前沿

对 2015—2022 年文献共被引网络（图 4.16）进行聚类，选择从标题“T”提取名词性术语为聚类命名，通过 LLR 算法来提取聚类标签用于可视化图谱展示，得到 52 个聚类中的 18 个聚类（图 4.16）。聚类后显示 modularity（模块性）的 Q 值为 0.754 7。Q 取值为[0，1]，$Q>0.3$（经验值）通常意味着划分出来的社团网络结构是显著的，可以用于分析研究。mean silhouette（平均轮廓值）为 0.902 5，平均轮廓值是各样本点轮廓值的平均数，是用来衡量网络同质性的指标，越接近 1，说明网络的同质性越高，本聚类结果具有高信度。

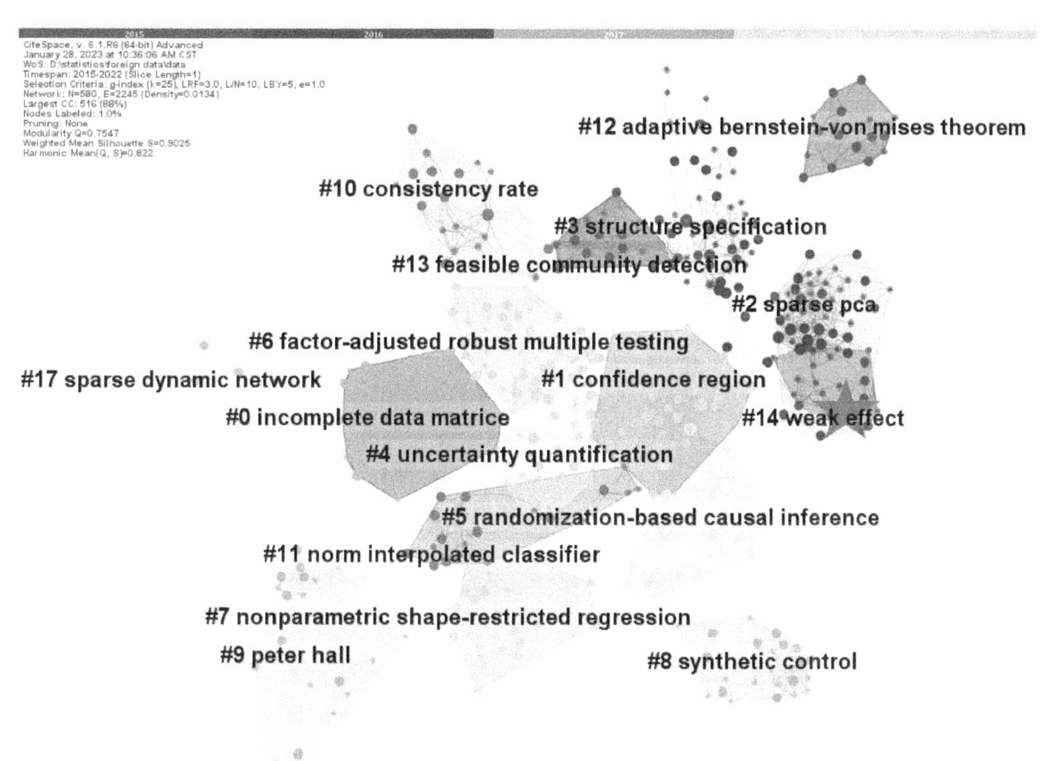

图 4.16 3 种期刊 2015—2022 年 WOS 文献共被引网络聚类图谱

在时间线视图（图 4.17）中，可以非常直观地看到每个聚类研究的持续时间跨度以及研究最集中的时间段。比如最大的#0 聚类的研究从 2013 年开始持续到 2021 年，2018 年左右研究文献比较密集。

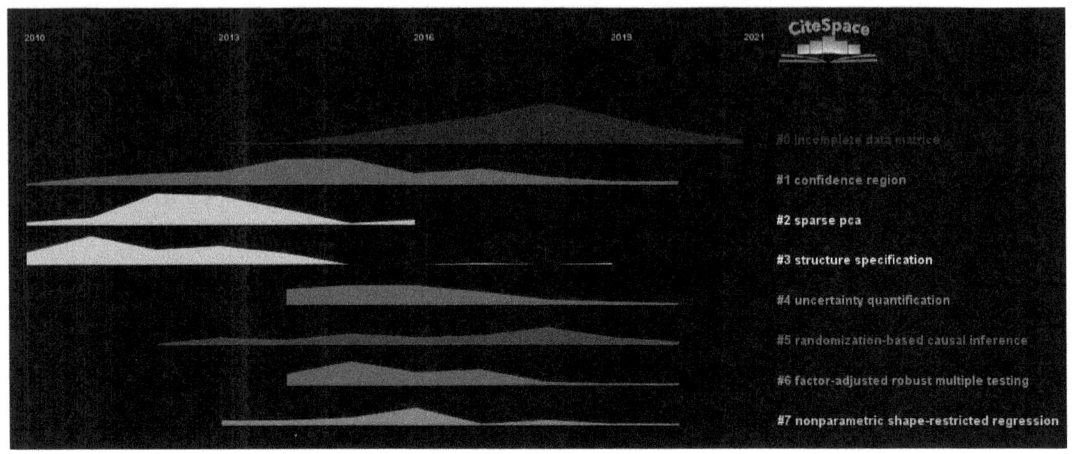

图 4.17　3 种期刊 2015—2022 年 WOS 文献共被引网络时间线视图

从 52 个聚类中选择前六个最大的聚类进行分析，由 LLR 算法提取出来的命名分别如下：0#命名为 incomplete data matrice（不完全数据矩阵），#1 命名为 confidence region（置信区域），#2 命名为 sparse pca（稀疏主成分分析），#3 命名为 structure specification（结构规格说明），#4 命名为 uncertainty quantification（不确定性量化），#5 命名为 randomization-based causal inference（基于随机化的因果推断）。各个类团的主要信息内容如包含的文献数量、silhouette 值、文献出现的平均年份以及通过 LSI、LLR 和 MI 这 3 种不同算法抽取出来的关键热词可以通过软件功能导出，聚类结果见表 4.25。

表 4.25　2015—2022 年聚类结果总结表

聚类编号	文献数量	同质性指标	平均年份	标签热词（LSI）	标签热词（LLR）	标签热词（MI）
0	75	0.867	2017	community detection	incomplete data matrice	modern network science
1	66	0.795	2014	confidence region	confidence region	accuracy assessment
2	49	0.910	2012	sparse pca	sparse pca	multitask quantile regression
3	48	0.911	2012	structure specification	structure specification	cramer-type moderate deviation
4	41	0.872	2015	uncertainty quantification	uncertainty quantification	posterior graph selection
5	38	0.934	2016	randomization-based causal inference	randomization-based causal inference	covariate balancing propensity score

聚类一：不完全数据矩阵（incomplete data matrice）

#0 聚类是本次聚类结果中最大的聚类，由 75 篇引文文献组成，引文文献节点的平均时间是 2017 年。聚类的同质性检验参数是 0.867，具有高可信度。聚类标签 incomplete data matrice 是通过 LLR 算法从标题中提取出来的，通过 LSI 算法从标题中提取出来的聚类命名为 community detection，由 MI 算法得到的聚类命名为 modern network science。

#0 聚类的 10 篇研究前沿文献如下所述(从左到右依次是序号、引用文献数量、第一作者、出版年、标题、来源出版物名称、卷期号、页码、数字对象标识符,下同)。

[1] 15,Cai C (2021) Subspace estimation from unbalanced and incomplete data matrices: l (2, infinity) statistical guarantees. *Annals of Statistics*, V49, P24 DOI 10.1214/20-AOS1986.

[2] 11,Luo Y (2022) Tensor clustering with planted structures: statistical optimality and computational limits. *Annals of Statistics*, V50, P30 DOI 10.1214/21-AOS2123.

[3] 11,Abbe E (2020) Entrywise eigenvector analysis of random matrices with low expected rank. *Annals of Statistics*, V48, P23 DOI 10.1214/19-AOS1854.

[4] 10,Han R (2022) An optimal statistical and computational framework for generalized tensor estimation. *Annals of Statistics*, V50, P29 DOI 10.1214/21-AOS2061.

[5] 10,Jing B (2021) Community detection on mixture multilayer networks via regularized tensor decomposition. *Annals of Statistics*, V49, P25 DOI 10.1214/21-AOS2079.

[6] 10,Fan J (2021) Robust high-dimensional factor models with applications to statistical machine learning. *Statistical Science*, V36, P25 DOI 10.1214/20-STS785.

[7] 9,Xia D (2022) Inference for low-rank tensors-no need to debias. *Annals of Statistics*, V50, P26 DOI 10.1214/21-AOS2146.

[8] 9, Gao, C (2021) Minimax rates in network analysis: graphon estimation, community detection and hypothesis testing. *Statistical Science*, V36, P18 DOI 10.1214/19-STS736.

[9] 9, Chen Y (2021) Asymmetry helps: eigenvalue and eigenvector analyses of asymmetrically perturbed low-rank matrices. *Annals of Statistics*, V49, P24 DOI 10.1214/20-AOS1963.

[10] 8, Abbe E (2022) An l(p) theory of pca and spectral clustering. *Annals of Statistics*, V50, P27 DOI 10.1214/22-AOS2196.

聚类二:置信区域(confidence region)

#1 聚类是第二大聚类,有 66 篇文献,引文文献节点的平均时间是 2014 年。聚类的同质性检验参数为 0.795。LLR 和 LSI 均将其标记为 confidence region, MI 将其标注为 accuracy assessment。

#1 聚类的 10 篇研究前沿文献如下所述。

[1] 14, Neykov M (2018) A unified theory of confidence regions and testing for high-dimensional estimating equations. *Statistical Science*, V33, P17 DOI 10.1214/18-STS661.

[2] 13, Barber R F (2018) Rocket: robust confidence intervals via kendall's tau for transelliptical graphical models. *Annals of Statistics*, V46, P29 DOI 10.1214/17-AOS1663.

[3] 12, Javanmard A (2018) Debiasing the Lasso: optimal sample size for Gaussian designs. *Annals of Statistics*, V46, P30 DOI 10.1214/17-AOS1630.

[4] 12,Rinaldo A (2019) Bootstrapping and sample splitting for high-dimensional, assumption-lean inference. *Annals of Statistics*, V47, P32 DOI 10.1214/18-AOS1784.

[5] 11, Belloni A (2018) Uniformly valid post-regularization confidence regions for many functional parameters in z-estimation framework. *Annals of Statistics*, V46, P33 DOI 10.1214/17-AOS1671.

[6] 11，Zhu Y (2018) Linear hypothesis testing in dense high-dimensional linear models. *Journal of the American Statistical Association*, V113, P18 DOI 10.1080/01621459.2017.1356319.

[7] 9，Dezeure R (2015) High-dimensional inference: confidence intervals, *p*-values and r-software hdi. *Statistical Science*, V30, P26 DOI 10.1214/15-STS527

[8] 8，Deng H (2020) Beyond Gaussian approximation: bootstrap for maxima of sums of independent random vectors. *Annals of Statistics*, V48, P29 DOI 10.1214/20-AOS1946.

[9] 8，Zhang X (2017) Simultaneous inference for high-dimensional linear models. *Journal of the American Statistical Association*, V112, P12 DOI 10.1080/01621459.2016.1166114.

[10] 8，Cai T T (2016) Geometric inference for general high-dimensional linear inverse problems. *Annals of Statistics*, V44, P28 DOI 10.1214/15-AOS1426.

聚类三：稀疏主成分分析（sparse pca）

#2 聚类有篇 49 文献，引文文献节点的平均时间是 2012 年。聚类的同质性检验参数为 0.910。LLR 和 LSI 均将其标记为 sparse pca，MI 将其标注为 multitask quantile regression。

#2 聚类的 10 篇研究前沿文献如下所述。

[1] 10，Wang W (2017) Asymptotics of empirical eigenstructure for high dimensional spiked covariance. *Annals of Statistics*, V45, P33 DOI 10.1214/16-AOS1487.

[2] 10，Fan J (2018) Large covariance estimation through elliptical factor models. *Annals of Statistics*, V46, P32 DOI 10.1214/17-AOS1588.

[3] 9，Fan J (2015) Estimation of functionals of sparse covariance matrices. *Annals of Statistics*, V43, P32 DOI 10.1214/15-AOS1357.

[4] 8，Fan J (2016) Projected principal component analysis in factor models. *Annals of Statistics*, V44, P36 DOI 10.1214/15-AOS1364.

[5] 7，Chen M (2018) Robust covariance and scatter matrix estimation under huber's contamination model. *Annals of Statistics*, V46, P29 DOI 10.1214/17-AOS1607.

[6] 7，Huang S (2016) Partial correlation screening for estimating large precision matrices, with applications to classification. *Annals of Statistics*, V44, P40 DOI 10.1214/15-AOS1392.

[7] 7，Cai T T (2016) Estimating sparse precision matrix: optimal rates of convergence and adaptive estimation. *Annals of Statistics*, V44, P34 DOI 10.1214/13-AOS1171.

[8] 6，Fan Y (2016) Innovated scalable efficient estimation in ultra-large Gaussian graphical models. *Annals of Statistics*, V44, P29 DOI 10.1214/15-AOS1416.

[9] 6，Cai T T (2017) Computational and statistical boundaries for submatrix localization in a large noisy matrix. *Annals of Statistics*, V45, P28 DOI 10.1214/16-AOS1488.

[10] 6，Lei J (2015) Sparsistency and agnostic inference in sparse pca. *Annals of Statistics*, V43, P24 DOI 10.1214/14-AOS1273.

聚类四：结构规格说明（structure specification）

#3 聚类有 48 篇文献，引文文献节点的平均时间是 2012 年。聚类的同质性检验参数为 0.911。LLR 和 LSI 均将其标记为 structure specification，MI 将其标注为 cramer-type moderate deviation。

#3 聚类的 10 篇研究前沿文献如下所述。

[1] 9，Li D (2015) Model selection and structure specification in ultra-high dimensional generalised semi-varying coefficient models. *Annals of Statistics*, V43, P30 DOI 10.1214/15-AOS1356.

[2] 8，Lai R C S (2015) Generalized fiducial inference for ultrahigh-dimensional regression. *Journal of the American Statistical Association*, V110, P13 DOI 10.1080/01621459.2014.931237.

[3] 8，Pan R (2016) Ultrahigh-dimensional multiclass linear discriminant analysis by pairwise sure independence screening. *Journal of the American Statistical Association*, V111, P11 DOI 10.1080/01621459.2014.998760.

[4] 8，Fan J (2016) Feature augmentation via nonparametrics and selection (fans) in high-dimensional classification. *Journal of the American Statistical Association*, V111, P13 DOI 10.1080/01621459.2015.1005212.

[5] 7，Chang J (2016) Local independence feature screening for nonparametric and semiparametric models by marginal empirical likelihood. *Annals of Statistics*, V44, P25 DOI 10.1214/15-AOS1374.

[6] 6，Barut E (2016) Conditional sure independence screening. *Journal of the American Statistical Association*, V111, P12 DOI 10.1080/01621459.2015.1092974.

[7] 6，Gaynanova I (2016) Simultaneous sparse estimation of canonical vectors in the $p >> n$ setting. *Journal of the American Statistical Association*, V111, P11 DOI 10.1080/01621459.2015.1034318.

[8] 6，Hui F K C (2015) Tuning parameter selection for the adaptive Lasso using eric. *Journal of the American Statistical Association*, DOI 10.1080/01621459.2014.951444.

[9] 5，Martin R (2015) Marginal inferential models: prior-free probabilistic inference on interest parameters. *Journal of the American Statistical Association*, V110, P11 DOI 10.1080/01621459.2014.985827.

[10] 5，Liu H (2016) Global solutions to folded concave penalized nonconvex learning. *Annals of Statistics*, V44, P31 DOI 10.1214/15-AOS1380.

聚类五：不确定性量化（uncertainty quantification）

#4 聚类有 41 篇文献，引文文献节点的平均时间是 2015 年。聚类的同质性检验参数为 0.872。LLR 和 LSI 均将其标记为 uncertainty quantification，MI 将其标注为 posterior graph selection。

#4 聚类的 10 篇研究前沿文献如下所述。

[1] 7，Zhang F (2020) Convergence rates of variational posterior distributions. *Annals of Statistics*, V48, P28 DOI 10.1214/19-AOS1883.

[2] 6，Rousseau J (2020) Asymptotic frequentist coverage properties of Bayesian credible sets for sieve priors. *Annals of Statistics*, V48, P25 DOI 10.1214/19-AOS1881.

[3] 5，Ray K (2020) Semiparametric Bayesian causal inference. *Annals of Statistics*, V48, P22 DOI 10.1214/19-AOS1919.

[4] 5，Belitser E (2020) Empirical bayes oracle uncertainty quantification for regression. *Annals of Statistics*, V48, P25 DOI 10.1214/19-AOS1845.

[5] 5，Lee K (2019) Minimax posterior convergence rates and model selection consistency in high-dimensional dag models based on sparse cholesky factors. *Annals of Statistics*, V47, P25 DOI 10.1214/18-AOS1783.

[6] 4，Rockova V (2018) The spike-and-slab Lasso. *Journal of the American Statistical Association*, V113, P14 DOI 10.1080/01621459.2016.1260469.

[7] 4，Monard F (2021) Statistical guarantees for bayesian uncertainty quantification in nonlinear inverse problems with Gaussian process priors. *Annals of Statistics*, V49, P44 DOI 10.1214/21-AOS2082.

[8] 4，Qiao X (2019) Functional graphical models. *Journal of the American Statistical Association*, V114, P12 DOI 10.1080/01621459.2017.1390466.

[9] 4，Rockova V (2018) Bayesian estimation of sparse signals with a continuous spike-and-slab prior. *Annals of Statistics*, V46, P37 DOI 10.1214/17-AOS1554.

[10] 4，Alquier P (2020) Concentration of tempered posteriors and of their variational approximations. *Annals of Statistics*, V48, P23 DOI 10.1214/19-AOS1855.

聚类六:基于随机化的因果推断(randomization-based causal inference)

#5 聚类有 38 篇文献,引文文献节点的平均时间是 2016 年。聚类的同质性检验参数为 0.934。LLR 和 LSI 均将其标记为 randomization-based causal inference，MI 将其标注为 covariate balancing propensity score。

#5 聚类的 10 篇研究前沿文献如下所述。

[1] 8，Ding P (2018) Causal inference: a missing data perspective. *Statistical Science*, V33, P24 DOI 10.1214/18-STS645.

[2] 8，Shi C (2022) Statistically efficient advantage learning for offline reinforcement learning in infinite horizons. *Journal of the American Statistical Association* DOI 10.1080/01621459.2022.2106868.

[3] 6，Yadlowsky S (2020) Estimation and validation of ratio-based conditional average treatment effects using observational data. *Journal of the American Statistical Association*, V116, P18 DOI 10.1080/01621459.2020.1772080.

[4] 6，Shi C (2022) Dynamic causal effects evaluation in a/b testing with a reinforcement learning framework. *Journal of the American Statistical Association* DOI 10.1080/01621459.2022.2027776.

[5] 6，Shi C (2022) Off-policy confidence interval estimation with confounded Markov decision process. *Journal of the American Statistical Association* DOI 10.1080/01621459.2022.2110878.

[6] 5，Zhou W (2022) Estimating optimal infinite horizon dynamic treatment regimes via pt-learning. *Journal of the American Statistical Association* DOI 10.1080/01621459.2022.2138760.

[7] 5，Cui Y (2020) A semiparametric instrumental variable approach to optimal treatment regimes under endogeneity. *Journal of the American Statistical Association*, V116, P12 DOI 10.1080/01621459.2020.1783272.

[8] 5，Ding P (2017) A paradox from randomization-based causal inference. *Statistical Science*, V32, P15 DOI 10.1214/16-STS571.

[9] 4，Mukerjee R (2018) Using standard tools from finite population sampling to improve causal inference for complex experiments. *Journal of the American Statistical Association*, V113, P14 DOI 10.1080/01621459.2017.1294076.

[10] 4，Nie X (2020) Learning when-to-treat policies. *Journal of the American Statistical Association*, V116, P18 DOI 10.1080/01621459.2020.1831925.

4.3 本章小结

本章首先根据国外统计类期刊的时间和空间分布，即载文量、国家、发文机构、资助基金和发文作者等基础文献计量学指标对国外统计学研究的基本情况进行了描述性统计分析。

分析结果可见，从年度载文量来看，研究关注的 3 种国外统计类期刊每年发表论文的数量是国内统计类期刊的一半甚至更少，3 种期刊的发文数量总和与国内 1 种期刊的年度发文量大致相当。而且，论文从投稿、修改到最终被采用出版一般需要两年以上的周期，这样甄选出来的论文一般都是上乘之作，堪称精品。所刊发的论文代表着统计学研究的前沿，作者一般都是国际统计学界的领军人才。从论文资助基金来看，大多数论文都是受国家级基金资助的研究项目成果。

从每种期刊 2005—2014 年发表的论文中按照被引频次挑选出最受关注的前 10 篇高被引论文，从这 3 种期刊的 30 篇高被引论文反映的内容中可以挖掘出这些年来统计学研究的热点主题。

利用 CiteSpace 软件对 3 种期刊 2005—2014 年发表的共 2 588 篇文献和 2015—2022 年发表的 2 537 篇文献进行了共词聚类分析和文献共被引分析，得到关键词共现网络图谱的聚类视图、时区视图和时间线视图，以及文献共被引网络图谱的聚类视图和时间线视图，将国外统计学研究的主题演进趋势和热点前沿直观地展现出来。

从关键词共现网络中可以得知，2005—2014 年国外统计学的热点主要是围绕 model（模型）、regression（回归）、bootstrap（自助法）、Lasso、inference（推断）、consistency（一致性）、estimator（估计）、variable selection（变量选择）、nonparametric regression（非参数回归）和 distribution（分布）等方面展开的研究。2015—2022 年，国外统计学研究热点仍然围绕这些主题展开，从突变词监测结果可以发现近几年出现了新的研究热点，如 community detection community detection（社区发现或社团挖掘算法）、oracle property（oracle 性质）、covariance（协方差）、EM algorithm（EM 算法）等。

由文献共被引网络得到 2005—2014 年的六个聚类，由此可以得知国外统计学研究主要集中在贝叶斯统计、参数选择、函数（涉及纵向数据、高维数据等）、矩阵（涉及随机矩阵、协方差矩阵等）、控制（涉及信号检测、收敛速度等）、抽样等研究领域。2015—2022 年的六个聚类揭示了近八年来国外统计学研究主要集中在不完全数据矩阵、置信区域、主成分分析、因果推断等研究领域,涉及多种统计分析模型以及医学、生物、经济等方面的应用举例。

这些热点研究领域的前沿文献由各个聚类的引用热度最高的施引文献组成,这些活跃度高的施引文献可以帮助研究人员了解近期国外统计学研究的现状和前沿。通过详细阅读、深入分析、重点研究这些前沿文献,可以掌握国外统计学研究的最新发展动向,跟踪统计学研究的新趋势和最前沿,为统计学理论研究、统计学学科发展以及统计学应用提供有价值的参考信息和知识发现。

5　基于国内期刊的统计学前沿热点分析

第 2 章已经提到国内的数据取自 CSSCI 的 4 种统计学期刊,分别是《统计研究》《统计与信息论坛》《统计与决策》和《数理统计与管理》。

本章首先根据 CNKI 数据库自有的初步分析功能分别对这 4 种统计学期刊的检索结果进行相关的描述性统计分析,比如对年代分布、国家分布、机构分布、基金资助论文比以及作者分布等基础文献计量学指标进行分析比较。然后,按照被引频次倒序提炼出被引频次最高的前 20 篇高影响力的文章作为近十年的热点文献。

接下来,利用可视化软件 CiteSpace,得到 2005—2014 年共 3 826 篇文献和 2015—2022 年共 1 511 篇文献的关键词共现网络和文献共被引网络,通过聚类分析国内统计学研究的主题演进趋势和这两个时间段的研究前沿。

5.1　国内统计学研究现状的统计分析

5.1.1　载文量时间分布的统计分析

1.《统计研究》载文量时间分布的统计分析

2005—2014 年,《统计研究》共发文 2 481 条,年均载文量在 250 篇左右(图 5.1)。作为月刊,《统计研究》每个月发 20 篇左右的高水平论文。由于《统计研究》在统计类期刊中的领先地位,所以该刊发表的论文代表着国内统计学的先进水平,所研究的内容大多是统计学研究的前沿领域。

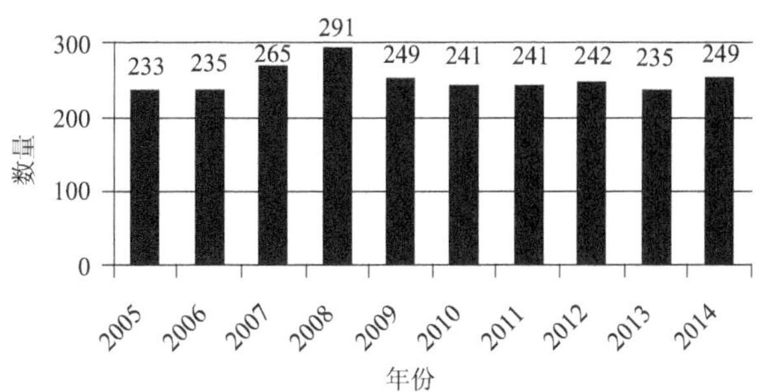

图 5.1 《统计研究》(2005—2014 年)论文年代分布

2015—2022 年,《统计研究》共发文 1 243 条,年均载文量在 155 篇左右(图 5.2)。作为月刊,其每个月发 13 篇左右的高水平论文。发文量比 2005—2014 年下降不少,而且呈现逐年下降的趋势。

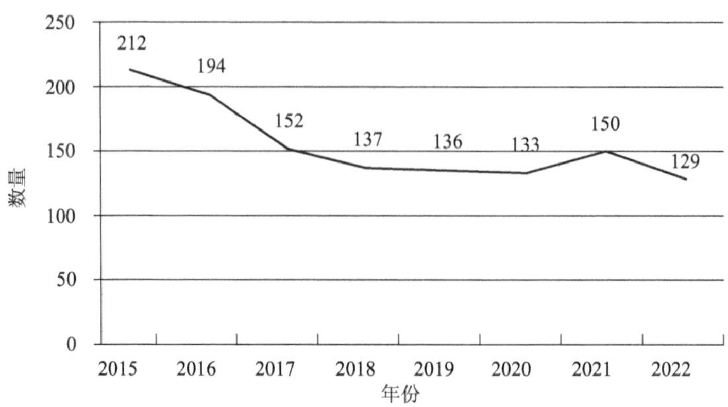

图 5.2 《统计研究》(2015—2022 年)论文年代分布

2.《统计与信息论坛》载文量时间分布的统计分析

2005—2014 年,《统计与信息论坛》发文量为 2 107 篇,十年间发展比较快,尤其从 2008 年被选为 CSSCI 来源期刊后,其学术影响力也在逐年提高。其发文量在 2008 年以后保持在年均 220 篇以上的水平(图 5.3),基本和《统计研究》的发文量相当。

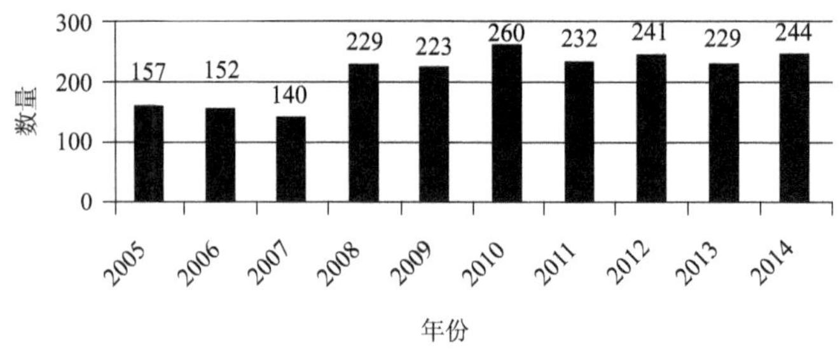

图 5.3 《统计与信息论坛》(2005—2014 年)论文年代分布

2015—2022 年,《统计与信息论坛》发文量为 1 516 篇,发文量也呈现逐年下降的趋势。2018 年以后,每年的发文量在 200 篇以下,2022 年发文量仅为 124 篇(图 5.4)。

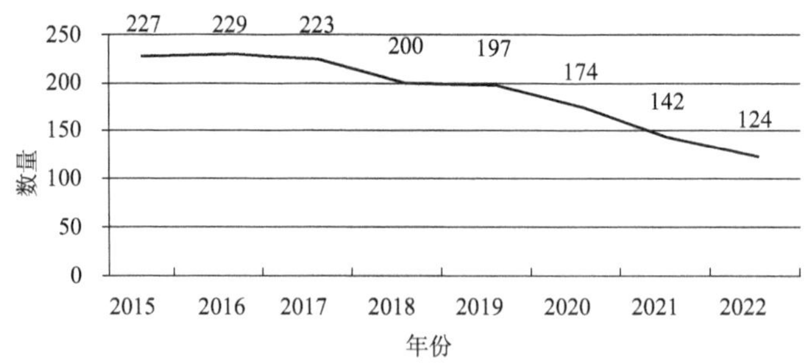

图 5.4 《统计与信息论坛》(2015—2022 年)论文年代分布

3.《统计与决策》载文量时间分布的统计分析

《统计与决策》在 2005—2014 年共发文 15 613 篇。作为半月刊,而且每期(半个月)的载文量均在 60 篇左右(图 5.5),所以《统计与决策》的年度载文量是《统计研究》和《统计与信息论坛》的 6 倍左右。但同时其学术影响力比前两种期刊低。

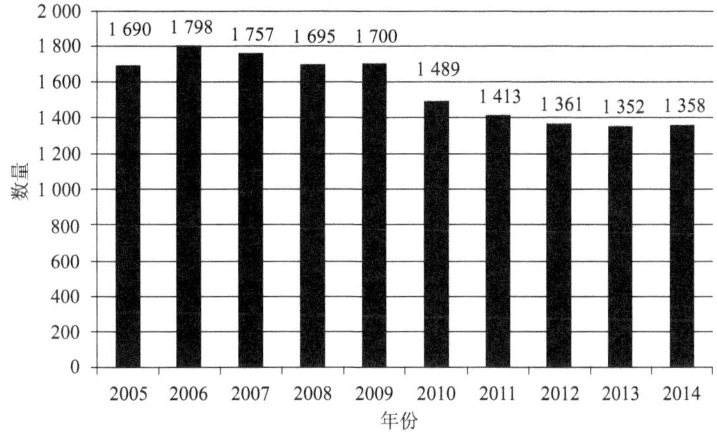

图 5.5 《统计与决策》(2005—2014 年)论文年代分布

2015—2022 年,《统计与决策》发文量为 8 730 篇,发文量也呈现逐年下降趋势,每期平均发文量从 2015 年的 53 篇下降到 2022 年的 38 篇(图 5.6)。

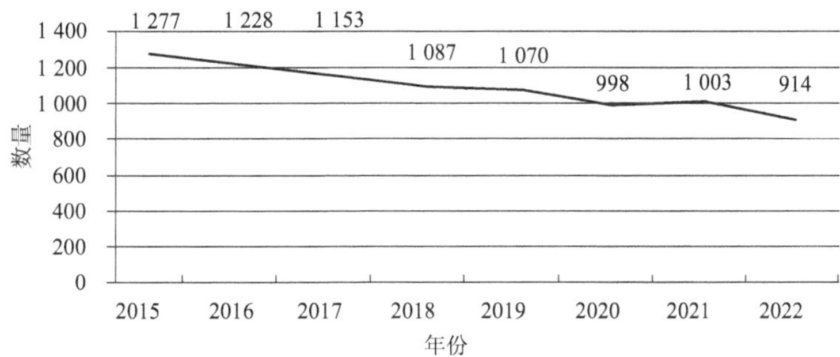

图 5.6 《统计与决策》(2015—2022 年)论文年代分布

4.《数量统计与管理》载文量时间分布的统计分析

2005—2014 年,《数理统计与管理》总发文量为 1 445 篇。每年发文量保持在 150 篇左右(图 5.7)。《数理统计与管理》是双月刊,每年只有六期,每期的发文量为 20~30 篇。大多数论文都是数理统计方面的研究论文,与前面三种期刊的论文内容有一些不同。不过,最近几年期刊所刊发的论文的内容逐渐由理论研究向应用研究转变。

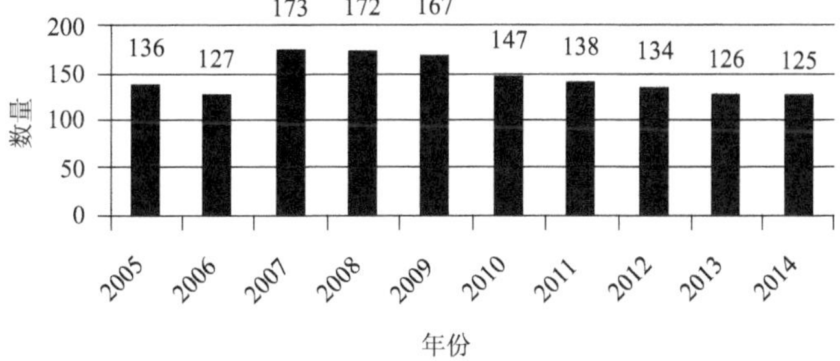

图 5.7 《数理统计与管理》(2005—2014 年)论文年代分布

2015—2022 年,《数理统计与管理》发文量为 784 篇,年均发文量为 98 篇,比 2005—2014 年的年均发文量下降很多。从 2016 年开始呈现逐年下降趋势,2022 年发文量只有 83 篇(图 5.8)。

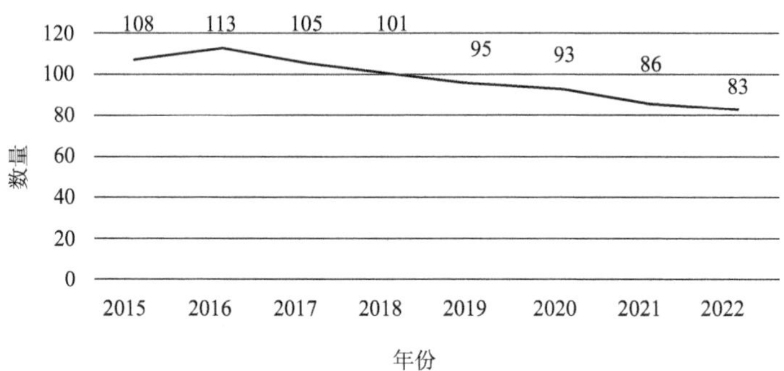

图 5.8 《数理统计与管理》(2015—2022 年)论文年代分布

5.1.2 发文机构分布的统计分析

对 2005—2014 年 4 种期刊的发文机构进行统计,结果见表 5.1~表 5.4。可以看出,国内统计学的研究主要集中在国内高校,尤其是统计学科优势比较突出的中国人民大学、厦门大学和暨南大学等综合性大学。《统计研究》的主办方之一国家统计局统计科学研究所在《统计研究》上发文较多,中国科学院数学与系统科学研究院则在《数理统计与管理》上发文较多。另外,国内比较著名的财经类院校在《统计研究》《统计与信息论坛》和《统计与决策》上发文都比较多。《数理统计与管理》前 10 位的发文机构中,综合性大学占了一半的比例。

表 5.1 《统计研究》(2005—2014 年)发文数量排名前 10 位的机构

机构名称	发文数量
中国人民大学	136
厦门大学	108
浙江工商大学	80
东北财经大学	73
国家统计局统计科学研究所	68
华中科技大学	66
暨南大学	62
北京师范大学	59
中山大学	54
天津财经大学	52

表 5.2 《统计与信息论坛》(2005—2014 年)发文数量排名前 10 位的机构

机构名称	发文数量
西安财经学院	227
西安交通大学	196
中国人民大学	121
湖南大学	70
厦门大学	67
天津财经大学	58
东北财经大学	52
陕西师范大学	48
西南财经大学	42
中南财经政法大学	39

表 5.3 《统计与决策》(2005—2014 年)发文数量排名前 10 位的机构

机构名称	发文数量
中南财经政法大学	525
西安交通大学	446
湖南大学	410
四川大学	376
重庆大学	375
中国人民大学	307
华中科技大学	275
天津大学	275
河海大学	270
暨南大学	255
西南交通大学	247

表 5.4 《数理统计与管理》(2005—2014 年)发文数量排名前 10 位的机构

机构名称	发文数量
中国人民大学	54
北京工业大学	43
中国科学技术大学	41
中国科学院数学与系统科学研究院	40
北京大学	40
南京航空航天大学	39

续表

机构名称	发文数量
西安交通大学	38
天津大学	38
上海财经大学	37
东南大学	37
吉林大学	36
西南财经大学	31
南京理工大学	30

利用 CiteSpace 软件对 2015—2022 年 4 种期刊的 1 507 篇论文的发文机构进行统计分析，八年来发文数量在 20 篇以上的发文机构有 26 家，和 2005—2014 年的分布相近（表 5.5）。发文数量前五的机构是中国人民大学、厦门大学、暨南大学、中南财经政法大学和山西财经大学。

表 5.5　4 种期刊（2015—2022 年）发文数量在 20 篇以上的机构

序号	机构名称	发文数量
1	中国人民大学	113
2	厦门大学	66
3	暨南大学	64
4	中南财经政法大学	53
5	山西财经大学	50
6	上海财经大学	46
7	东北财经大学	45
8	天津财经大学	44
9	北京师范大学	44
10	武汉大学	42
11	浙江工商大学	34
12	中山大学	32
13	西南财经大学	31
14	对外经济贸易大学	29
15	国家统计局	29
16	北京大学	28
17	清华大学	26
18	南开大学	25
19	复旦大学	21
20	首都经济贸易大学	20

续表

序号	机构名称	发文数量
21	西安交通大学	20
22	安徽财经大学	20
23	南京大学	19
24	湖南大学	18
25	华南理工大学	17
26	浙江财经大学	16

5.1.3 基金资助论文比的统计分析

从 4 种期刊的基金资助论文的占比可以发现（表 5.6~表 5.9），4 种期刊的论文受到国家社会科学基金和国家自然科学基金资助的合计比例均高达 24%以上，说明这 4 种期刊中约四分之一的论文是国家基金资助的高水平论文，研究成果直接服务于国家经济发展和科学创新。其中，《统计研究》和《统计与信息论坛》受国家社会科学基金资助的论文数量要高于受到国家自然科学基金资助的论文数量，而《统计与决策》和《数理统计与管理》受到国家自然科学基金资助的论文数量要高于受国家社会科学基金资助的论文数量。另外，4 种期刊中发文较多的作者是受到跨世纪优秀人才培养计划和高等学校博士学科点专项科研基金资助的统计学优秀人才和在读博士研究生。这些统计论文在一定程度上说明期刊具备较高的学术水平和高质量的研究成果。

表 5.6 《统计研究》（2005—2014 年）论文资助基金前 10 位

资助基金	发文数量	占比
国家社会科学基金	346	13.9%
国家自然科学基金	290	11.7%
跨世纪优秀人才培养计划	30	1.2%
浙江省自然科学基金	17	—
广东省自然科学基金	16	—
中国博士后科学基金	15	—
上海市重点学科建设基金	9	—
山东省自然科学基金	8	—
高等学校博士学科点专项科研基金	8	—
福建省自然科学基金	6	—
国家留学基金	6	—
湖南省社会科学基金	6	—
教育部留学回国人员科研启动基金	6	—
全国教育科学规划	5	—

注：基金资助论文比小于 1.0%的不显示百分比，用“—”代替，后同。

表 5.7 《统计与信息论坛》(2005—2014 年)论文资助基金前 10 位

资助基金	发文数量	占比
国家社会科学基金	297	14.1%
国家自然科学基金	278	13.2%
高等学校博士学科点专项科研基金	31	1.5%
陕西省软科学研究计划	26	1.2%
跨世纪优秀人才培养计划	24	1.1%
中国博士后科学基金	21	—
陕西省教委基金	20	—
陕西省自然科学基金	18	—
江苏省教育厅人文社会科学研究基金	13	—
山东省自然科学基金	11	—
湖南省社会科学基金	11	—

表 5.8 《统计与决策》(2005—2014 年)论文资助基金前 10 位

资助基金	发文数量	占比
国家自然科学基金	2 471	15.8%
国家社会科学基金	1 412	9.0%
高等学校博士学科点专项科研基金	180	1.2%
中国博士后科学基金	163	1.0%
湖南省社会科学基金	142	—
跨世纪优秀人才培养计划	110	—
国家软科学研究计划	101	—
江苏省教育厅人文社会科学研究基金	96	—
湖南省教委科研基金	87	—
湖南省自然科学基金	84	—

表 5.9 《数理统计与管理》(2005—2014 年)论文资助基金前 10 位

资助基金	发文数量	占比
国家自然科学基金	391	27.1%
国家社会科学基金	92	6.4%
高等学校博士学科点专项科研基金	31	2.1%
中国博士后科学基金	25	1.7%
教育部新世纪优秀人才支持计划	19	1.3%
国家重点基础研究发展计划	17	1.2%

续表

资助基金	发文数量	占比
北京市自然科学基金	15	1.0%
上海市重点学科建设基金	13	—
广东省自然科学基金	11	—
江苏省教育厅人文社会科学研究基金	8	—

5.1.4 发文作者的统计分析

2005—2014 年,《统计研究》中发文 10 篇以上的作者研究成果比较突出。平均每年发表 1 篇权威期刊论文,说明该作者在统计学研究上持续不断地进行探索和研究,也说明该作者在统计学研究上的造诣不浅。其中发文最多的是朱建平和李金昌,各发文 14 篇;其次是刘建平和金勇进,各发文 13 篇;蒋萍发文 12 篇;苏为华发文 11 篇;韩兆洲、杭斌、曾五一、向书坚和徐国祥十年间的发文量均为 10 篇。

《统计与信息论坛》的高产作者没有《统计研究》多,发文 10 篇以上的作者只有三位,分别是朱建平(12 篇)、许涤龙(10 篇)和吴喜之(10 篇)。

《统计与决策》由于是半月刊,而且每期的载文量比较高,所以高产作者比较多。韩兆洲发文最多,有 33 篇;刘思峰发文 30 篇;何健敏发文 24 篇;何跃发文 20 篇;王斌会发文 19 篇;许涤龙和张世英各发文 18 篇;周德群、汪贤裕和林海明各发文 17 篇;刘建平发文 16 篇;另外,还有 20 位作者的发文量均为 10 篇以上。

《数理统计与管理》发文较多的作者大多是数理统计方向的专家,如中国科技大学统计与金融系的缪柏其,发文 17 篇;中国科学院数学与系统科学研究院的陈敏发文 16 篇;东南大学的何健敏发文 11 篇。

5.1.5 高被引频次论文的统计分析

按照被引频次降序排列,统计了《统计研究》《统计与信息论坛》《统计与决策》和《数理统计与管理》4 种期刊被引频次排名前 10 位的论文。被引频次排在最前面的论文是最受关注的、学术影响力最高的,分析这些高被引频次论文可以发现当时统计学研究的热点前沿(表 5.10~表 5.17)。

表 5.10 《统计研究》(2005—2014 年)被引频次排名前 10 位的论文

序号	作者	题目	出版年（期）	被引频次
1	林海明;张文霖	主成分分析与因子分析的异同和 SPSS 软件——兼与刘玉玫、卢纹岱等同志商榷	2005(3)	681
2	徐现祥;周吉梅;舒元	中国省区三次产业资本存量估计	2007(5)	295
3	赵伟;马瑞永;何元庆	全要素生产率变动的分解——基于 Malmquist 生产力指数的实证分析	2005(7)	284

续表

序号	作者	题目	出版年（期）	被引频次
4	曹裕；陈晓红；马跃如	城市化、城乡收入差距与经济增长——基于我国省级面板数据的实证研究	2010(3)	242
5	马树才；孙长清	经济增长与最优财政支出规模研究	2005(1)	223
6	曹俊文；罗良清	转移支付的财政均等化效果实证分析	2006(1)	200
7	刘霖；靳云汇	货币供应、通货膨胀与中国经济增长——基于协整的实证分析	2005(3)	205
8	袁显平；柯大钢	事件研究方法及其在金融经济研究中的应用	2006(10)	196
9	李世祥；成金华	中国能源效率评价及其影响因素分析	2008(10)	179
10	吴延兵	市场结构、产权结构与R&D——中国制造业的实证分析	2007(5)	183

表 5.11 《统计研究》(2015—2022 年)被引频次排名前 10 位的论文

序号	作者	题目	发表年度	被引频次
1	李金昌；史龙梅；徐蔼婷	高质量发展评价指标体系探讨	2019	966
2	李常青；幸伟	控股股东股权质押与上市公司信息披露	2017	695
3	陈超凡	中国工业绿色全要素生产率及其影响因素——基于ML生产率指数及动态面板模型的实证研究	2016	533
4	刘贯春	金融资产配置与企业研发创新："挤出"还是"挤入"	2017	423
5	鲜祖德；王萍萍；吴伟	中国农村贫困标准与贫困监测	2016	243
6	杨青；王晨蔚	基于深度学习LSTM神经网络的全球股票指数预测研究	2019	218
7	张翠菊；张宗益	中国省域产业结构升级影响因素的空间计量分析	2015	216
8	杨慧梅；江璐	数字经济、空间效应与全要素生产率	2021	215
9	高敏雪	扩展的自然资源核算——以自然资源资产负债表为重点	2016	191
10	段军山；崔蒙雪	信贷约束、风险态度与家庭资产选择	2016	184

表 5.12 《统计与信息论坛》(2005—2014 年)被引频次排名前 10 位的论文

序号	作者	题目	出版年（期）	被引频次
1	曾五一；黄炳艺	调查问卷的可信度和有效度分析	2005(6)	580
2	张卫华；赵铭军	指标无量纲化方法对综合评价结果可靠性的影响及其实证分析	2005(3)	201
3	陈建宝；丁军军	分位数回归技术综述	2008(3)	161
4	方匡南；吴见彬；朱建平；谢邦昌	随机森林方法研究综述	2011(3)	117
5	李育安	分位数回归及应用简介	2006(3)	111

续表

序号	作者	题目	出版年/期	被引频次
6	张俊瑞;郭慧婷;贾宗武;刘东霖	企业环境会计信息披露影响因素研究——来自中国化工类上市公司的经验证据	2008(5)	105
7	张立军;袁能文	线性综合评价模型中指标标准化方法的比较与选择	2010(8)	92
8	谢益辉;朱钰	Bootstrap 方法的历史发展和前沿研究	2008(2)	83
9	徐萍	陕西文化产业竞争力评价与分析	2006(3)	79
10	王文博;陈秀芝	多指标综合评价中主成分分析和因子分析方法的比较	2006(5)	76

表 5.13 《统计与信息论坛》(2015—2022 年)被引频次排名前 10 位的论文

序号	作者	题目	发表年度	被引频次
1	景琦	基于 AHP-DEA 的传媒业上市公司财务绩效评价研究	2017	177
2	柳向东;李凤	大数据背景下网络借贷的信用风险评估——以人人贷为例	2016	145
3	涂艳;王翔宇	基于机器学习的 P2P 网络借贷违约风险预警研究——来自“拍拍贷”的借贷交易证据	2018	120
4	陈一洪	中国城市商业银行盈利能力影响因素分析——基于 50 家商业银行的微观数据	2017	110
5	高杨;牛子恒	农业信息化、空间溢出效应与农业绿色全要素生产率——基于 SBM-ML 指数法和空间杜宾模型	2018	97
6	谢合亮;胡迪	多因子量化模型在投资组合中的应用——基于 LASSO 与 Elastic Net 的比较研究	2017	94
7	李霞;曲洪建	邮轮旅游网络关注度的时空特征和影响因素——基于百度指数的研究	2016	89
8	刘玉林;菅利荣	基于文本情感分析的电商在线评论数据挖掘	2018	88
9	张宇;张之明	一种基于 C5.0 决策树的客户流失预测模型研究	2015	88
10	盛来运;李拓;毛盛勇;付凌晖	中国全要素生产率测算与经济增长前景预测	2018	84

表 5.14 《统计与决策》(2005—2014 年)被引频次排名前 10 位的论文

序号	作者	题目	出版年(期)	被引频次
1	杨宇	多指标综合评价中赋权方法评析	2006(13)	243
2	张虎; 田茂峰	信度分析在调查问卷设计中的应用	2007(21)	197
3	徐晓敏	层次分析法的运用	2008(1)	164
4	王青燕;何有世	影响中国上市公司成长性的主要因素分析	2005(2)	168
5	夏春萍	工业化、城镇化与农业现代化的互动关系研究	2010(10)	146
6	田民; 刘思峰; 卜志坤	灰色关联度算法模型的研究综述	2008(1)	131

续表

序号	作者	题目	出版年（期）	被引频次
7	周君	区域物流业对地区经济增长的影响分析	2006(4)	131
8	张智梅;章仁俊	KMV模型的改进及对上市公司信用风险的度量	2006(18)	131
9	陈文锋;平瑛	上海金融产业集聚与经济增长的关系	2008(10)	121
10	陈洪涛;黄国良	中国上市公司股权结构与现金股利政策的实证研究	2005(20)	124

表 5.15 《统计与决策》(2005—2022 年)被引频次排名前 10 位的论文

序号	作者	题目	发表年度	被引频次
1	朱喜安;魏国栋	熵值法中无量纲化方法优良标准的探讨	2015	650
2	刘畅;韩爱华;沈锡茜	基于因子分析法的上市公司并购绩效评价	2017	358
3	杨剑锋;乔佩蕊;李永梅;王宁	机器学习分类问题及算法研究综述	2019	328
4	游士兵;严研	逐步回归分析法及其应用	2017	309
5	李长山	基于Logistic回归法的企业财务风险预警模型构建	2018	277
6	惠树鹏;郑玉宝	基于五维动态平衡计分卡的企业战略绩效评价	2016	262
7	毛剑峰;李志雄	管理层股权激励、研发支出与企业绩效的关系研究	2016	246
8	徐伟;陈丹萍	财务风险预警建模原则及几种预警新模型	2016	242
9	张涵;康飞	基于bootstrap的多重中介效应分析方法	2016	231
10	冷建飞;高旭;朱嘉平	多元线性回归统计预测模型的应用	2016	217

表 5.16 《数理统计与管理》(2005—2014 年)被引频次排名前 10 位的论文

序号	作者	题目	出版年（期）	被引频次
1	许晓雯;时鹏将	基于DEA和SFA的我国商业银行效率研究	2006(1)	198
2	崔党群	Logistic曲线方程的解析与拟合优度测验	2005(1)	183
3	吴清华;王平心	公司盈余质量:董事会微观治理绩效之考察——来自我国独立董事制度强制性变迁的经验证据	2007(1)	169
4	唐雯;陈爱祖	顾客满意度测评中的问卷检验	2005(1)	162
5	张俊瑞;李彬;刘东霖	真实活动操控的盈余管理研究——基于保盈动机的经验证据	2008(5)	152
6	马若微	KMV模型运用于中国上市公司财务困境预警的实证检验	2006(5)	150
7	韦艳华;张世英	多元Copula-GARCH模型及其在金融风险分析上的应用	2007(3)	145
8	王海鹏;田澎;靳萍	基于变参数模型的中国能源消费经济增长关系研究	2006(3)	139

续表

序号	作者	题目	出版年（期）	被引频次
9	梁斌；陈敏；缪柏其；吴武清	我国股指期货的套期保值比率研究	2009(1)	118
10	周佰成;王北星	中国上市公司治理、绩效与高管薪酬相关性研究	2007(4)	110

表 5.17　《数理统计与管理》(2015—2022 年)被引频次排名前 10 位的论文

序号	作者	题目	发表年度	被引频次
1	刘伟	中国高新技术产业研发创新效率测算——基于三阶段DEA 模型	2015	154
2	孟祥兰;邢茂源	供给侧改革背景下湖北高质量发展综合评价研究——基于加权因子分析法的实证研究	2019	141
3	张所地;范新英	基于面板分位数回归模型的收入、利率对房价的影响关系研究	2015	98
4	张兵;曾明华;陈秋燕;胡启洲	基于 SEM 的城市公交服务质量-满意度-忠诚度研究	2016	94
5	孔翔宇;毕秀春;张曙光	财经新闻与股市预测——基于数据挖掘技术的实证分析	2016	93
6	李扬;李竟翔;马双鸽	不平衡数据的企业财务预警模型研究	2016	89
7	郑振龙;林璟	沪深 300 股指期货定价偏差与投资者情绪	2015	81
8	刘耀彬;袁华锡;封亦代	产业集聚减排效应的空间溢出与门槛特征	2017	76
9	曾津;周建军	高维数据变量选择方法综述	2017	71
10	何宜庆;陈林心;焦剑雄;王芸	金融集聚的时空差异与省域生态效率关系研究	2016	66

5.2　国内统计学热点前沿的挖掘

5.2.1　数据采集与预处理

在 CSSCI 数据库中选择来源文献，时间限定为 2005—2014 年，选择学科类别为“统计学”，检索到 3 955 条结果。其中，统计学论文有 3 826 篇，其他为综述、评论、报告等。在这 3 826 篇论文中，有很大一部分论文具体应用到了经济学、管理学、社会学、教育学等相关学科中。

按照来源期刊精炼检索结果，发现 3 826 篇论文中有 1 312 篇来源于《统计研究》，1 025 篇来源于《统计与决策》，542 篇来源于《中国统计》，242 篇来源于《统计与信息论坛》，147 篇来源于《数理统计与管理》，140 篇来源于《系统工程理论与实践》，这 6 种期刊收录了 3 826 篇论文中的 3 408 篇，占比 89%(图 5.9)。

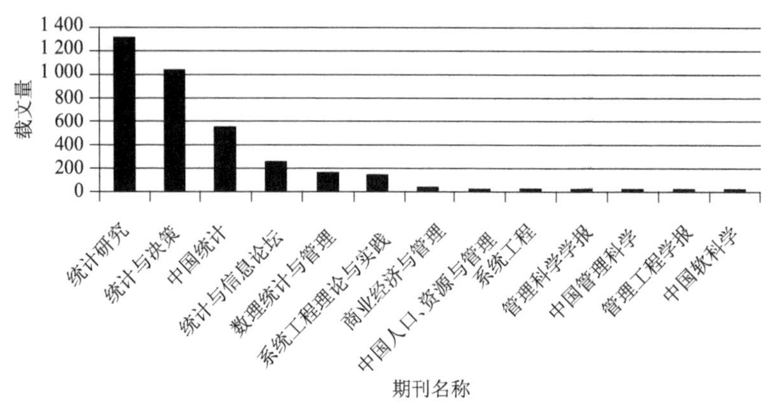

图 5.9 CSSCI 统计学来源文献(2005—2014 年)期刊分布

时间限定为 2015—2022 年,在 CSSCI 数据库中选择来源文献,选择学科类别为“统计学”,检索到 1 532 条结果。其中,统计学论文有 1 511 篇,其他为综述、评论、报告等。其中,《统计研究》发文 627 篇,《统计与决策》发文 414 篇,《统计与信息论坛》发文 219 篇,《数理统计与管理》发文 56 篇,这 4 种期刊收录了 1 511 篇文献中的 1 316 篇,占比 87%(图 5.10)。

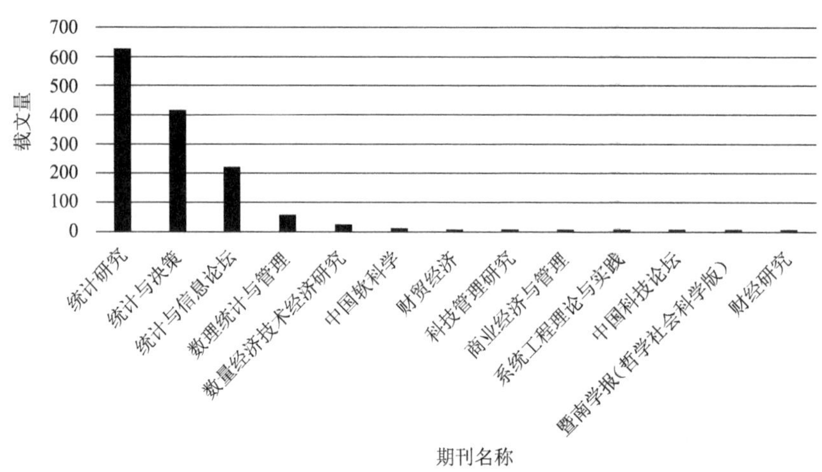

图 5.10 CSSCI 统计学来源文献(2015—2022 年)期刊分布

这里需要说明的是,由于 CSSCI 数据库的来源期刊是从全国 2 700 余种中文人文社会科学学术性期刊中精选出的学术性强、编辑规范、影响力大的期刊。CSSCI 的来源期刊数量只占我国正式刊行的社科期刊总数的 8%~15%, 2004—2015 年来源期刊共有 533 种,其中统计类期刊只有《统计研究》《数理统计与管理》《统计与决策》和《统计与信息论坛》这 4 种。2015—2022 年 CSSCI 来源期刊共有 583 种,其中统计类期刊仍然是这 4 种。上述收录统计学论文较多的期刊,如《中国统计》在 2005—2007 年是 CSSCI 来源期刊, 2008 年之后就不是 CSSCI 来源期刊了;最近几年发展势头良好的《统计与信息论坛》在 2008 年才被 CSSCI 收录为来源期刊。所以,随着收录期刊的变动和自身数据库收录政策的变动等因素,CSSCI 的年度载文量每年都有所波动(图 5.11)。而 2015—2022 年每年收录论文的数量变化很大，2015 年和 2016 年最多，为 269 篇，2022 年只收录了 31 篇(图 5.12)。可见 CSSCI 收录数据存在不完整和缺失现象，学科分类也与其他数据库学科分类不一致，上面的数据只能在一定程度上反映统计学论文的研究情况。

由于无法导出 CNKI 的文献引文信息然后利用 CiteSpace 软件进行文献共被引分析，所以在这一部分采用 CSSCI 数据库中 2005—2014 年的 3 826 篇统计学来源文献作为被分析的数据样本，所采用的 CiteSpace 是 4.0.R5 SE (64-bit)版。对 2015—2022 年的 1 511 篇统计学来源文献进行分析所采用的是 CiteSpace 6.1.6R(64-bit)Advanced 版。

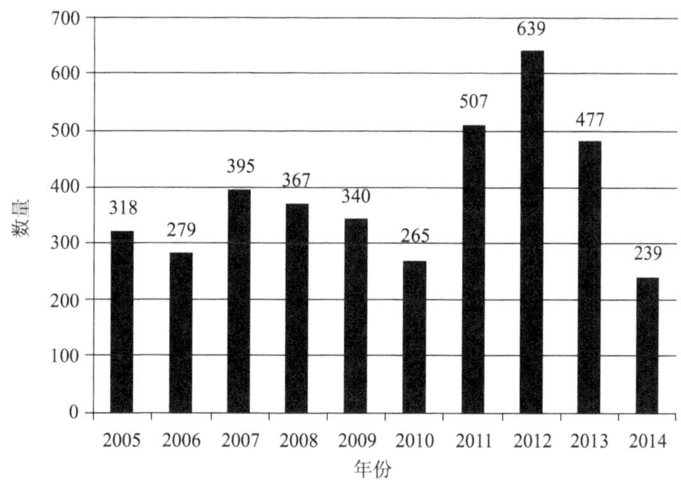

图 5.11　CSSCI 统计学来源文献(2005—2014 年)年代分布

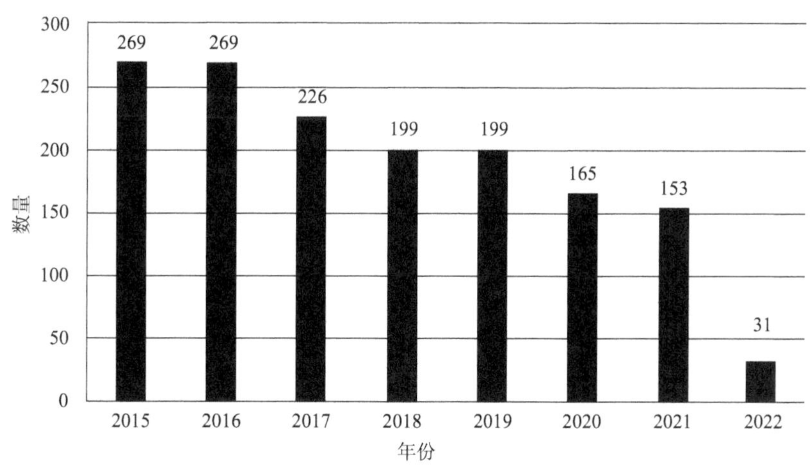

图 5.12　CSSCI 统计学来源文献(2015—2022 年)年代分布

5.2.2　从关键词共现网络识别研究热点

从前面关于词频分析的介绍中可以得知，词频分析经常被用于了解学科、领域的研究热点，如高频词揭示的研究热点。加上时间维度，就可以了解这一学科的发展趋势及主题演进情况。

利用 CiteSpace 进行共词分析是指通过识别名词性术语（terms）或直接读取关键词（keywords），并通过探测突变词（burst terms）来识别主题的变化并将结果进行可视化图谱展示，直观地呈现主题在研究时间范围内的变化情况。共现网络的聚类命名使用 3 种算法从标题、关键词或摘要中提取，这 3 种算法分别是 TF-IDF、LLR 和 MI。

5.2.2.1 从关键词共现聚类图谱识别国内统计学研究热点

关键词共现即共词分析是科学计量学重要的研究方法之一，通过从施引文献中提取出高频词汇来揭示该研究领域主题的研究热点，运行 CiteSpace 可得到 CSSCI 统计学科来源文献的关键词共现图谱。

选择时间跨度为 2005—2014 年，切片长度（slice length）为 1 年，每个切片选择排在前 50 位的关键词，连线强度选择默认的 Cosine 算法，运行后得到网络节点数为 268、网络连线数量为 526、密度为 0.014 7 的关键词共现网络（图 5.13）。有效文献数为 3 591，关键词总数为 11 104。

图 5.13　2005—2014 年 CSSCI 统计学来源文献关键词共现图谱

选择时间跨度为 2015—2022 年(slice length=1),每个切片选择排在前 50 位的关键词,连线强度选择默认的 Cosine 算法,运行后得到网络节点数为 1 921、网络连线数量为 2 586、密度为 0.001 4 的关键词共现网络(图 5.14)。有效文献数为 1 507 篇。

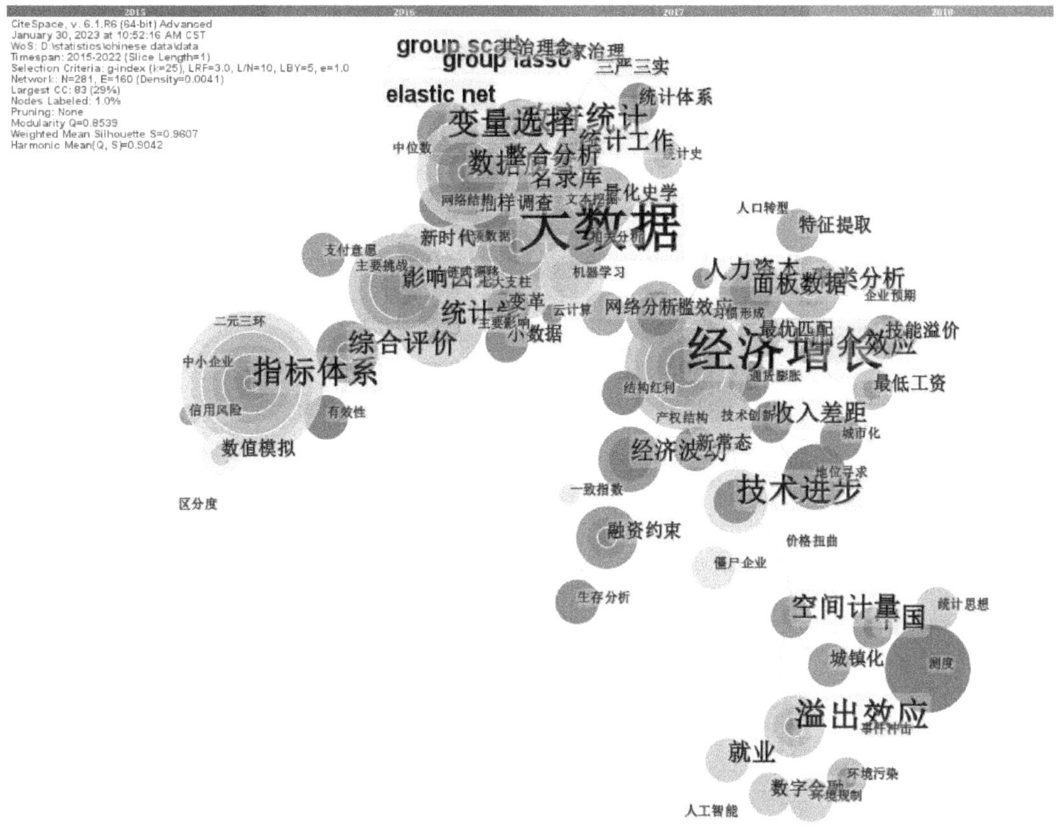

图 5.14　2015—2022 年 CSSCI 统计学来源文献关键词共现图谱

节点大小与其代表的关键词出现的频次高低成正比,节点越大说明该关键词出现的频次越高。圆环的颜色代表年代信息。

中心性是反映节点在网络中重要性的一个概念,度量指标包括度中心性、接近中心性、中介(中间)中心性以及特征向量中心性等。节点中心性的值越大,则表示该节点的关键词在网络中的重要性越强。通常,取中心性大于 0.1 的关键节点作为该研究领域或主题的重要关键词,以此说明该研究领域或主题的研究热点。CiteSpace 软件中使用中介中心性(betweenness centrality)来发现和衡量关键词的重要性。

在关键词共现图谱中,从 2005—2014 年有效的 3 591 篇统计学来源文献中的 11 104 个关键词中得到了每年出现频次排名在前 50 位的关键词共现网络。按照中介中心性大小降序排列,得到中介中心性大于 0.1 的最重要的关键词有九个:经济增长(0.24, 2007)、抽样调查(0.22,2005)、参数估计(0.21,2009)、统计数据质量(0.18,2005)、统计方法(0.14,2005)、政府统计(0.13, 2005)、指标体系(0.12, 2006)、面板数据(0.11, 2009)、影响因素(0.10,

2008)(表 5.18)。

表 5.18 2005—2014 年 CSSCI 统计学来源文献热点关键词

序号	关键词	中介中心性	频次	初现年
1	经济增长	0.24	72	2007
2	抽样调查	0.22	65	2005
3	参数估计	0.21	16	2009
4	统计数据质量	0.18	36	2005
5	统计方法	0.14	31	2005
6	政府统计	0.13	41	2005
7	指标体系	0.12	66	2006
8	面板数据	0.11	38	2009
9	影响因素	0.10	35	2008

表 5.19 中列出了 2005—2014 年 CSSCI 统计学来源文献出现频次在 15 次以上的关键词,共 52 个,这些关键词代表这些年国内统计学研究的热点主题。

表 5.19 2005—2014 年 CSSCI 统计学来源文献出现频次在 15 次以上的关键词

关键词	频次	中介中心性	初现年	关键词	频次	中介中心性	初现年
经济增长	72	0.24	2007	假设检验	23	0.01	2005
统计数据	69	0.04	2005	农业普查	23	0.04	2006
指标体系	66	0.12	2006	基层统计	23	0.01	2005
抽样调查	65	0.22	2005	GDP	21	0.07	2005
统计学	50	0.09	2005	GDP 核算	21	0.01	2005
统计执法	47	0.01	2005	国民经济核算	21	0.02	2005
数据质量	43	0.02	2005	统计指标体系	20	0	2005
政府统计	41	0.13	2005	通货膨胀	20	0.05	2011
经济普查	38	0.03	2005	极大似然估计	19	0.02	2011
面板数据	38	0.11	2009	实证分析	18	0.05	2007
统计分析	37	0.02	2005	统计报表	18	0	2005
统计数据质量	36	0.18	2005	企业统计	17	0	2005
统计调查	36	0.04	2005	收入差距	17	0.05	2009
影响因素	35	0.10	2008	统计信息	17	0	2005
综合评价	34	0.01	2006	统计制度	17	0.03	2005
统计方法	31	0.14	2005	统计管理	17	0.02	2005
数据挖掘	29	0.06	2005	问卷调查	17	0.01	2006
基尼系数	28	0.06	2007	价格指数	16	0.02	2007

续表

关键词	频次	中介中心性	初现年	关键词	频次	中介中心性	初现年
层次分析法	28	0.02	2008	参数估计	16	0.21	2009
统计改革	28	0.02	2005	实证研究	15	0.02	2008
因子分析	27	0.05	2005	抽样误差	15	0.01	2005
聚类分析	27	0.08	2008	结构方程模型	15	0	2009
统计工作	26	0.01	2005	统计指标	15	0.01	2005
主成分分析	25	0.09	2005	评价指标体系	15	0	2010
统计服务	25	0.05	2005	货币政策	15	0.02	2011
CPI	24	0.04	2008	遗传算法	15	0	2012

表 5.20 中列出了 2015—2022 年 CSSCI 统计学来源文献出现频次在 5 次以上的关键词,共 26 个,这些关键词代表这些年国内统计学研究的热点主题。

表 5.20 2015—2022 年 CSSCI 统计学来源文献出现频次在 5 次以上的关键词

关键词	频次	中介中心性	初现年	关键词	频次	中介中心性	初现年
大数据	60	0.12	2015	融资约束	6	0	2015
经济增长	32	0.12	2015	统计学	6	0.02	2016
指标体系	21	0.02	2015	经济波动	6	0.01	2015
影响因素	16	0.02	2016	抽样调查	6	0	2015
基尼系数	14	0	2015	季节调整	6	0	2015
数据质量	13	0	2015	区域差异	6	0	2017
货币政策	8	0	2016	中国	6	0.01	2015
综合评价	8	0.03	2015	中介效应	6	0.01	2016
政府统计	8	0.01	2015	面板数据	5	0.01	2016
聚类分析	7	0	2016	门槛效应	5	0	2016
溢出效应	7	0.02	2016	机器学习	5	0	2020
变量选择	7	0.01	2015	技术进步	5	0.05	2016
预测	6	0	2015	国际比较	5	0	2016

5.2.2.2 从时区视图分析国内统计学研究前沿趋势

利用软件绘制关键词共现网络的时区视图(图 5.15),由此可以了解国内统计学研究近十年来的研究热点和趋势变化。

时区视图(time zone)和时线视图(time line)都是从时间维度上展示知识演进的视图。时区视图将所有节点定位在以横轴为时间的二维坐标中,根据关键词首次出现的时间,节点被设置在不同的时区中(不同的时区由颜色相间的柱形区域构成),所处位置随着时间的变化依次向上,一个从左到右、从下到上的知识演进图谱就直观地展示在我们面前。

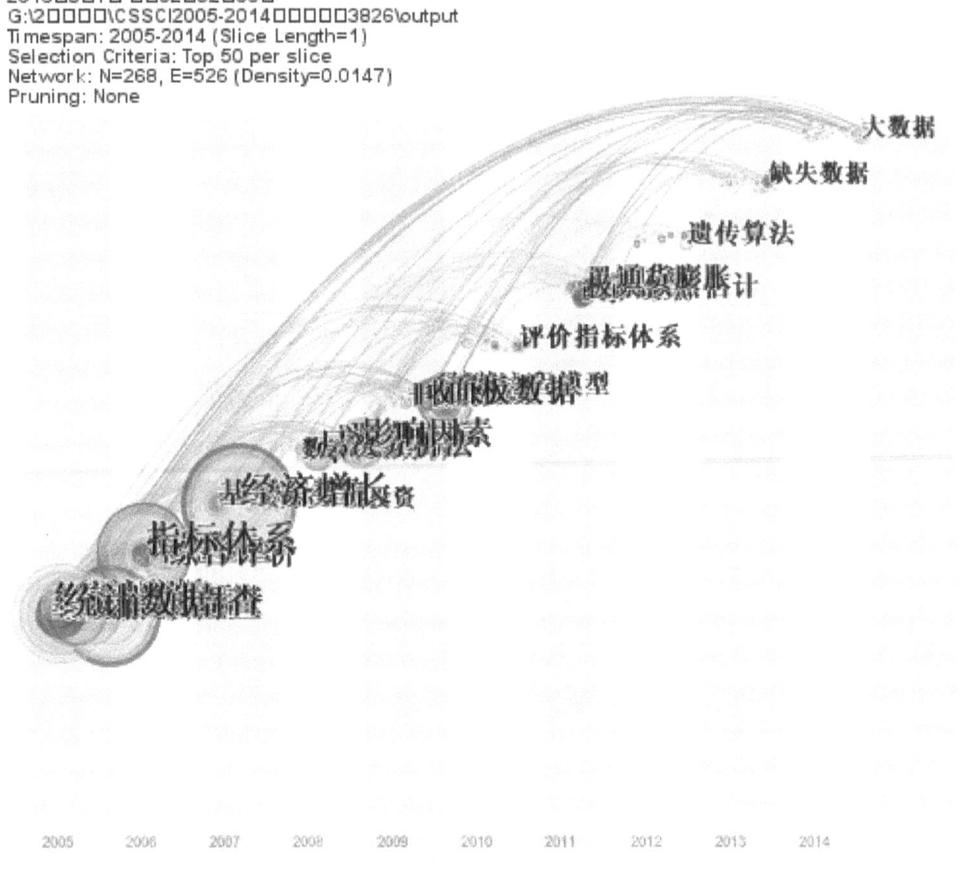

图 5.15　2005—2014 年 CSSCI 统计学来源文献关键词共现时区视图

从时区视图中可以直观地了解到研究热点随时间变化的趋势,或称为主题演进历程。同时可以从中得到各年出现的研究热点,结合当时经济、政治背景分析统计学研究的走向。

本书参照叶明确①对主题词的分类,将图谱中的 268 个关键词分为与统计理论、统计数据、统计方法、统计应用相关的以及其他与统计学相关的关键词。然后,分年度来分析国内统计学研究的前沿热点。

2005 年出现并在此后十年内出现频次较高的与统计理论相关的关键词包括:统计学(50)(这个关键词所在的文献也可能是研究统计学学科发展的,可归入第五类"其他与统计学相关的关键词")、统计指标体系(20)。与统计数据相关的关键词包括:统计数据(69)、抽样调查(65)、数据质量(43)、统计数据质量(36)、统计调查(36)、数据挖掘(29)(该词也可归入与统计方法相关的关键词)。与统计方法相关的关键词包括:统计分析(37)、因子分析(27)、主成分分析(25)、假设检验(23)。与统计应用相关的关键词有:政府统计(41)、经济普查(38)、基层统计(23)、国民经济核算(21)、GDP 核算(21)、GDP(21)。其他与统计学相关的关键词有:统计执法(47)、统计改革(28)、统计工作(26)、统计服务(25)。

从以上统计可以发现,统计学基础理论的发展离不开统计学学科的建设发展,而不管是

① 叶明确. 统计学学科前沿研究报告[M]. 北京:经济管理出版社,2015.

理论的发展还是学科的发展最终都是为了服务于经济、社会以及生活。2005 年统计学研究主要应用于宏观的政府统计、经济普查、国民经济核算等,同时还应用于微观的基层统计。由于关键词出现频次统计的是十年内出现的总的次数,所以这里出现的高频词反映的不是 2005 年当年的热点,而是 2005 年后十年内国内统计学研究的热点。

2006 年出现并在十年内出现频次较高的与统计理论相关的关键词为:指标体系(66)、综合评价(34)。与统计数据相关的关键词为:问卷调查(17)。与应用相关的关键词为:农业普查(23)、产业结构(12)。其他关键词为:统计信息化(12)、和谐社会(11)、统计监测(10)。

2006 年出现的高频词不多,主要是与基础理论有关的指标体系和综合评价,统计应用研究的主要对象是农业普查和产业结构,与 2006 年的国家政策有一定关系。此外, 2006 年出现了对统计信息化的研究,这与当时信息技术的发展密切相关。

2007 年出现的高频词主要是与应用有关的经济增长(72),这和当年的经济发展形势有一定关系。2007 年是中国近年来经济发展速度较快的一年,也是中国经济发展的一个拐点。

2008 年出现的高频词主要有与方法相关的层次分析法、聚类分析和协整检验。2009 年出现了面板数据模型和结构方程模型等研究统计方法的文献。还有 2010 年出现的支持向量机和向量自回归模型。2011 年开始出现的与方法相关的高频词有贝叶斯、极大似然估计、灰色关联度、EM 算法等。2012 年遗传算法、蚁群算法的研究开始出现。2013 年有关缺失数据、Gibbs(吉布斯)抽样、核密度估计、空间效应、最小二乘法成为当年的研究热点。2014 年出现了状态空间模型、logistic 回归模型等与统计方法相关的研究前沿主题。

在最近几年的国内统计学研究中,出现了许多有关解决现实社会、经济、环境等问题的实证研究类文章,如大数据、碳排放、环境污染、房地产、大学生等相关主题的研究。这一现象体现了统计理论在现实生活中的应用,理论与实践相结合可以在促进统计学发展的同时使其更好地为我国经济和人民生活服务。

5.2.2.3 从突变词分析国内统计学研究热点变化

在 CiteSpace 软件的可视化界面,可以选择"Burstness"功能来进行关键词的突发性探测分析,得到 2005—2014 年突发性最强的 57 个关键词的起止时间如图 5.16 所示。图中的一小节代表一年,最黑的小节部分代表突发年份。可以清晰地观察到这些关键词代表的研究热点的起止时间、研究热度的持续时间等主题演进趋势方面的内容。

使用同样的方法,可以得到 2015—2022 年突发性最强的 27 个关键词的起止时间(图 5.17)。

5.2.3 从文献共被引网络分析研究前沿

5.2.3.1 2005—2014 年国内统计学的研究前沿

对 2005—2014 年的 CSSCI 统计学来源文献进行共被引分析和聚类,经过多次参数设置与运行测试,最后选择时间切片为 1 年,将总时段分成十个时间分区,连线强度选择 Cosine 算法,提取每个分区中被引频次排在前 200 位的文献得到相对满意的共被引网络图谱(图 5.18),网络节点数为 1 840,连线数为 2 307,密度为 0.001 4。

Keywords	Year	Strength	Begin	End
乡镇统计	2005	2.829	2005	2007
统计分析	2005	5.123 9	2005	2008
统计信息	2005	4.179 6	2005	2006
部门统计	2005	5.613 4	2005	2006
绿色 GDP	2005	4.951 6	2005	2006
统计工作	2005	6.172 7	2005	2006
统计制度方法	2005	2.694 2	2005	2006
统计体制	2005	3.796 1	2005	2007
统计调查	2005	4.621 2	2005	2007
统计管理	2005	4.766	2005	2007
统计服务	2005	7.366 4	2005	2007
统计文化	2005	2.560 6	2005	2007
统计改革	2005	6.383 7	2005	2006
普查数据	2005	3.144 8	2005	2006
统计执法	2005	13.203 1	2005	2007
统计法	2005	2.821	2005	2006
统计报表	2005	5.089 9	2005	2007
统计方法	2005	4.414 8	2005	2008
统计宣传	2005	2.899 8	2005	2006
国民经济核算	2005	4.662 5	2005	2007
统计监督	2005	2.449 2	2005	2006
GDP 核算	2005	5.363 1	2005	2007
统计数据	2005	7.675 2	2005	2007
统计管理体制	2005	3.473 4	2005	2007
核算方法	2005	2.546 5	2006	2007
基层统计	2005	7.226 9	2006	2007
统计监测	2005	2.546 5	2006	2007
农业普查	2005	9.330 8	2006	2007
调查方法	2005	3.122 1	2007	2008
环境统计	2005	2.647 8	2007	2010
实证研究	2005	3.437 6	2008	2010
聚类分析	2005	2.710 4	2008	2010
样本轮换	2005	2.536	2008	2009
基尼系数	2005	2.751 8	2009	2012
评价指标体系	2005	2.992 9	2009	2011
因子分析	2005	3.740 7	2009	2010
面板数据	2005	3.195 6	2009	2012
人民币汇率	2005	2.898 2	2010	2012
通货膨胀	2005	3.984 5	2010	2014
组合预测	2005	3.386 8	2011	2014
控制图	2005	3.058 1	2011	2012
灰色关联度	2005	3.755 1	2011	2012
方差分析	2005	2.593 7	2011	2014
多层 Bayes 估计	2005	2.593 7	2011	2014
置信区间	2005	3.809 1	2011	2014
参数估计	2005	3.472 4	2011	2014
区间数	2005	2.641 7	2011	2014
EM 算法	2005	2.593 7	2011	2014
Bayes 估计	2005	5.205 3	2011	2014
极大似然估计	2005	4.982 1	2011	2014
缺失数据	2005	2.737 9	2011	2014
GM11 模型	2005	2.801 7	2011	2012
分位数回归	2005	3.645 5	2011	2014
最小二乘法	2005	2.444 1	2012	2014
收敛速度	2005	2.934 4	2012	2014
蚁群算法	2005	2.444 1	2012	2014
多目标优化	2005	2.934 4	2012	2014

图 5.16 2005—2014 年 CSSCI 统计学来源文献突变词监测结果

Keywords	Year	Strength	Begin	End	2015—2022
抽样调查	2015	2.02	2015	2016	
综合评价	2015	1.47	2015	2017	
统计体系	2015	1.34	2015	2016	
退货膨胀	2015	1.34	2015	2016	
统计指标	2015	1.34	2015	2016	
收入差距	2015	1.34	2015	2016	
变量选择	2015	1.28	2015	2017	
季节调整	2015	1.1	2015	2017	
融资约束	2015	1.1	2015	2017	
影响因素	2016	2.37	2016	2018	
空间计量	2016	1.41	2016	2017	
云计算	2016	1.06	2016	2017	
不平等	2016	0.7	2016	2017	
区域差异	2017	1.16	2017	2018	
交互作用	2017	0.85	2017	2018	
elastic net	2017	0.85	2017	2018	
聚类分析	2016	1.81	2018	2019	
货币政策	2016	1.58	2018	2019	
溢出效应	2016	1.89	2019	2020	
互联网	2019	1.87	2019	2020	
统计史	2019	1.87	2019	2020	
上游度	2019	0.93	2019	2020	
机器学习	2020	2.45	2020	2022	
云模型	2020	1.46	2020	2022	
产业政策	2018	0.77	2020	2022	
EM 算法	2015	0.56	2020	2022	
中介效应	2016	0.14	2020	2022	

图 5.17 2015—2022 年 CSSCI 统计学来源文献突变词监测结果

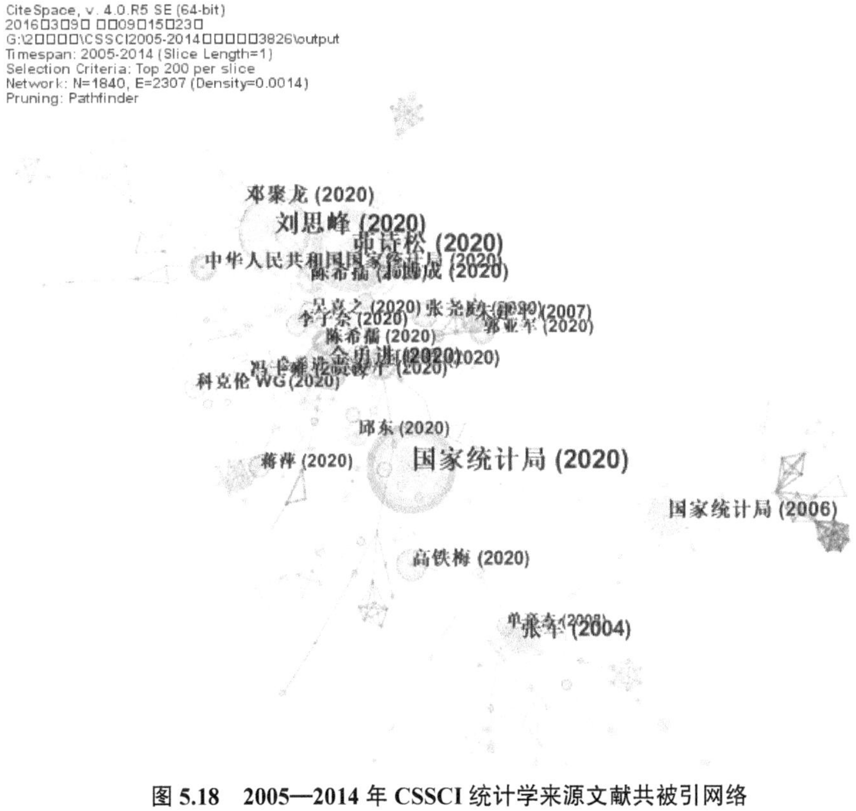

图 5.18 2005—2014 年 CSSCI 统计学来源文献共被引网络

经过寻径算法修剪后进行聚类分析,导入有效引文的数量为 15 343 篇,得到相对满意的聚类图谱(图 5.19)。modularity(模块性)的 Q 值为 0.949 9,意味着划分出来的社团网络结构是显著的,可以用于分析研究。而 mean silhouette(平均轮廓值)为 0.500 2,聚类结果是合理的。

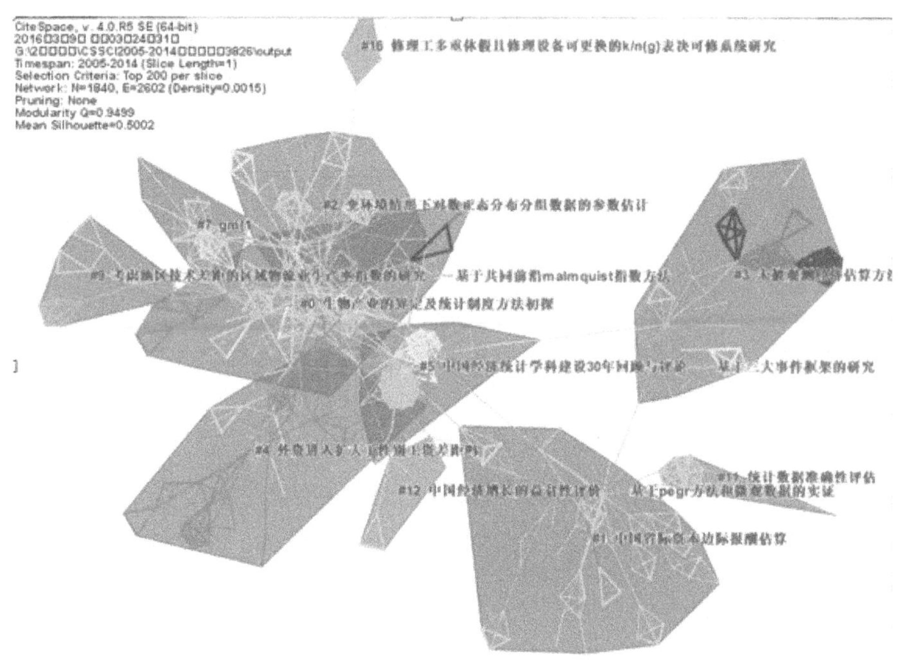

图 5.19 2005—2014 年 CSSCI 统计学来源文献共被引网络聚类图谱

本次聚类数量较多,有 28 个聚类,结合统计学理论知识和对目前研究现状的了解,将 28 个聚类按照研究主题的具体内容以及导出的聚类详细信息,归纳总结为五大聚类。

聚类一:统计学理论研究

统计理论的研究在整个统计学研究中仍然占据主要地位,也符合理论指导实践的思想原则。

这一领域的研究前沿主要有金勇进的《中国统计数据质量理论研究与实践历程》,陈光慧的《我国经常性抽样调查体系改革研究》和《二维平衡单水平轮换模式设计研究》,李因果、何晓群的《面板数据聚类分析的投影寻踪模型》,伍业锋、刘建平的《生物产业的界定及统计制度方法初探》,伍业锋的《统计指标的概念、角色及其抽象》,刘建平的《分层抽样层界限确定方法研究》和李金昌的《从政治算术到大数据》等。这些研究涉及统计数据、统计指标、抽样调查、面板数据、大数据等相关理论及其最新发展。

聚类二:灰色系统理论及相关研究

在最近几年的统计学理论研究中,灰色系统是比较突出的一个研究热点,所以我们将它作为一个单独的聚类。这一类前沿文献的发表主要集中在 2011 年以后,这和突变词检测中“灰色关联度”的表现一致。这一领域的研究前沿主要有王正新 、党耀国和刘思峰合作发表的《基于白化权函数分类区分度的变权灰色聚类》,何霞、刘卫锋的《灰色 GM(1, 1)模型中参数估计的几种方法比较》,刘卫锋、何霞的《基于最小一乘准则的 GM(1, 1)模型边值分析》,张会新、白嘉的《基于三角灰色系统模型的煤炭消费预测》,刘瑞文的《基于现金流视角的项目灰色 GM(1,1)动态决策》等。

聚类三:统计学发展及学科建设

这一聚类的前沿文献发表主要集中在 2010 年,有肖红叶的《中国经济统计学科建设 30 年回顾与评论:基于三大事件框架的研究》,曾五一等的《经济管理类统计学专业教学体系的改革与创新》,李金昌的《改革开放 30 年中国统计学发展的回顾与展望》,还有邱东的《中国经济统计学 60 年》以及韩兆洲的《得失与启示:我国统计学博士学位论文选题统计分析》等。这些文章系统回顾了改革开放 30 年来中国经济统计学的发展历程,肖红叶将其归纳为三件大事:统计学科性质与大统计学科构建的争论、统计改革推动学科的研究创新、学科建设机制的构筑。在此基础上,他提出了促进我国经济统计学学科建设的新思考、新观点[①]。

由厦门大学的曾五一、朱建平,天津财经大学的肖红叶,西南财经大学的庞皓合作发表的文章《经济管理类统计学专业教学体系的改革与创新》阐述了获得国家级教学成果一等奖的统计学教学成果的基本内容,其中主要包括:制定新的教学规范、界定培养目标、设计课程体系和教学内容、编写系列教材、推动教学改革、构建新交流平台等[②]。

聚类四:国民经济核算体系及国民经济发展相关研究

这一聚类的前沿文献主要是有关国民经济统计领域的研究,在上面关键词共现网络分析中“经济增长”是出现频次(初现于 2007 年)最多的一个关键词。由此可见,国民经济的研究在统计应用研究中的重要性,同时也体现了产学研一体化的精神和统计学研究为国家经济发展服务的宗旨。

这一领域的研究前沿文献主要有郝枫的《中国省区资本存量估算: 1952—2004》,余芳东的《世界经济增长率的测度以及中国贡献的分析》,李宝瑜的《中国宏观经济失衡指数研究》,郝枫的《中国市场价格扭曲测度: 1952—2005》,“SNA 的修订与中国国民经济核算体系改革”课题组的《SNA 关于生产资产的修订及对中国国民经济核算的影响研究》等。

聚类五:其他统计学应用相关研究

理论研究的最终目的是实践应用,是发展生产、服务经济和振兴国家。统计学是一门工具性学科,可以应用于经济、管理、哲学、心理学、医学、生物卫生等方面的具体研究。而我国的统计学应用研究大多集中在经济发展、国际贸易、收入分配、居民消费、资源配置、环境污染等方面。这方面的前沿随着经济发展和政策变动而有所变动,所以比较灵活,在此不进行详细分析。

5.2.3.2 2015—2022 年国内统计学的研究前沿

对 2015—2022 年的 CSSCI 统计学来源文献进行共被引分析和聚类,选择时间切片为 1 年,连线强度选择 Cosine 算法,得到相对满意的共被引网络图谱(图 5.20),网络节点数为 331,连线数为 300,密度为 0.005 5。

① 肖红叶. 中国经济统计学科建设 30 年回顾与评论:基于三大事件框架的研究[J]. 统计研究,2010,1:15-25.

② 曾五一,肖红叶,庞皓,等. 经济管理类统计学专业教学体系的改革与创新[J]. 统计研究,2010,2:3-6.

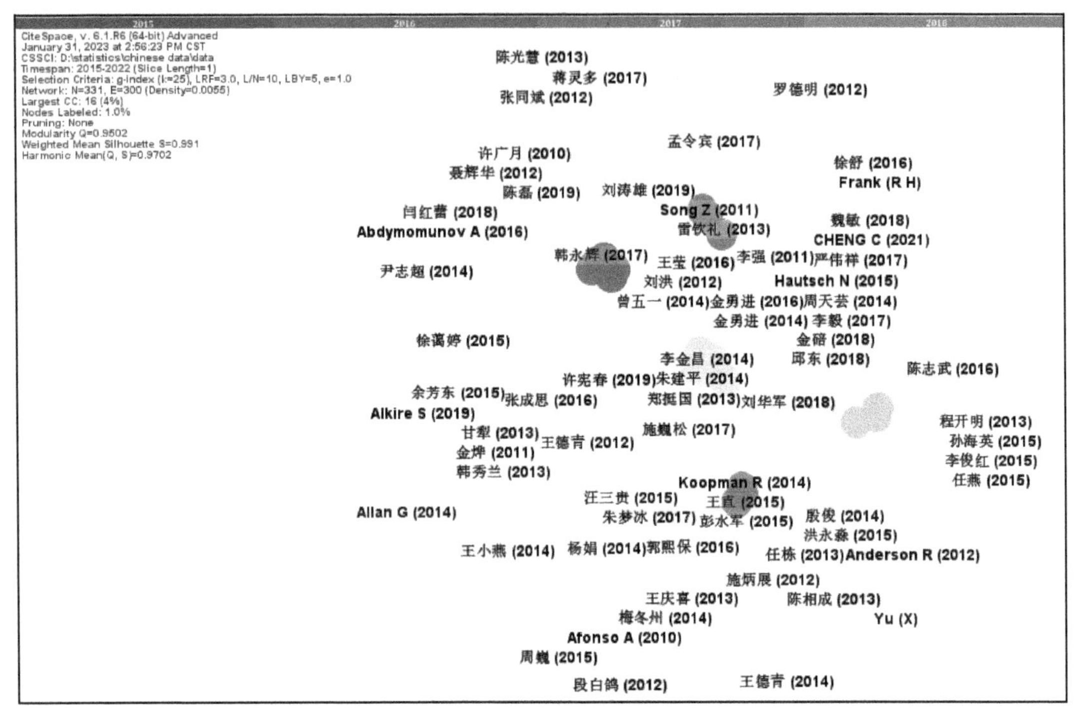

图 5.20　2015—2022 年 CSSCI 统计学来源文献共被引网络

经过寻径算法修剪后进行聚类分析，导入有效引文的数量为 19 337 篇，经过调整参数，得到相对满意的聚类图谱（图 5.21）。而 modularity（模块性）的 Q 值为 0.913 3，意味着划分出来的社团网络结构是显著的，可以用于分析研究；mean silhouette（平均轮廓值）为 0.956，聚类结果可信度非常高。

前七个最大的聚类由 LLR 算法从标题中提取出来的聚类标签分别命名如下：#0 为 regional difference（区域差异），#1 为 high-tech product export（高科技产品出口），#2 为 mixed sample（混合样本），#3 为 factors distribution（因子分布或要素分配），#4 为 accounting error（会计差错），# 6 为 global value chain embeddedness（全球价值链嵌入），#9 为 high-quality economic development（高质量经济发展）。各个类团的主要信息内容如包含的文献数量、silhouette 值（同质性指标）、文献出现的平均年份以及通过 LSI、LLR 和 MI 这 3 种不同算法抽取出来的关键热词可以通过软件功能导出（表 5.21）。

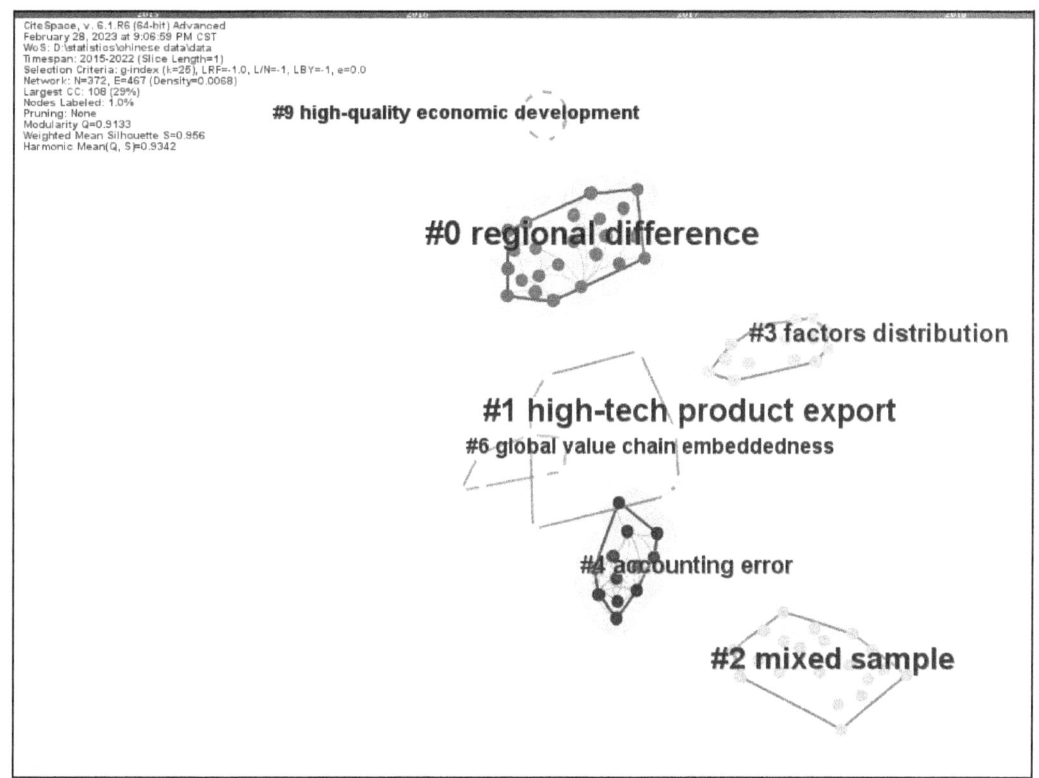

图 5.21 2015—2022 年 CSSCI 统计学来源文献共被引网络聚类图谱

表 5.21 聚类结果总结表

聚类编号	文献数量	同质性指标	平均年份	标签热词(LSI)	标签热词(LLR)	标签热词(MI)
0	23	0.988	1998	regional difference	regional difference	weighted principal component distance
1	22	0.891	2006	d activity	high-tech product export	commercial housing
2	20	0.936	1973	small domain model inference	mixed sample	sample size allocation
3	14	0.983	2001	factors distribution	factors distribution	theory labor
4	12	0.961	1996	accounting error	accounting error	local government investment
6	9	1	2013	global value chain embeddedness	global value chain embeddedness	rising value
9	8	0.991	1991	heterogeneity in the impact of environmental regulation policy synergies on high-quality economic development	high-quality economic development	regional difference

聚类一:区域差异(regional difference)

最大的#0 聚类有 23 个成员文献,同质性检验参数为 0.988,聚类效果具有高可信度。

它被 LLR 和 LSI 标记为区域差异，被 MI 标记为加权主成分距离。引文文献节点的平均时间是 1998 年。引用热度较高的施引文献代表了本聚类的研究前沿。

李研[①]的《中国数字经济产出效率的地区差异及动态演变》是最活跃的施引文献，引用了本聚类 23 篇文献中的 5 篇。文章从行业视角对中国数字经济的产出效率进行研究，运用 Dagum 基尼系数分析八大经济区数字经济产出效率的区域差异，运用 Kernel 密度（核密度）估计、Moran 指数和 Markov 链（马尔可夫链）从时间和空间的角度对八大经济区数字经济产出效率演变趋势进行了分析。文献明确了中国数字经济产出效率的发展演变趋势，对促进区域间协同发展有着重要意义。

潘文卿等[②]的《中国区域产业 CO_2 排放影响因素研究：不同经济增长阶段的视角》运用 LMDI 方法，采用“三层完全分解法”，对中国 1997—2014 年的 CO_2 排放总量进行分解，探讨了 8 大区域的 CO_2 排放特征及其对全国碳排放的贡献，并分析了能源结构、能源强度、产业结构、人均产出、人口结构及人口总量 6 大因素对 CO_2 排放的影响。

韩兆安等[③]的《中国省际数字经济规模测算、非均衡性与地区差异研究》基于马克思政治经济学理论，构建数字经济测算框架并完成中国省际数字经济规模测算，进而采用核密度估计和 Dagum 基尼系数对中国及东、中、西三大区域数字经济的非均衡性和地区差异进行分析。文章得出了如下结论：中国数字经济正在高速发展并成为我国经济发展的重要动能；省际数字经济主要集中在数字经济生产领域；省际数字经济非均衡性呈波动上升趋势；省际数字经济存在显著的地区差异。

聚类二：高科技产品出口（high-tech product export）

#1 聚类有 22 个成员文献，同质性检验参数为 0.891，聚类效果具有高可信度。它被 LLR 标记为高科技产品出口，LSI 标记为 d 活动，MI 标记为商品房。引文文献节点的平均时间是 2006 年。

陈晓华等[④]在《生产性服务资源环节错配对高技术产品出口的影响分析》中以修正 Antràs 等（2012）模型为切入点，构建了生产性服务资源环节错配的测度方法，并以 WIOD 数据库中发展中国家为样本分析了生产性服务资源环节错配对高技术产品出口的作用机理。研究结果显示：生产性服务资源环节错配系数对发展中国家高技术产品出口的作用力呈现倒 U 形，生产性服务资源环节错配不利于发展中国家高技术产品的出口，这一结论在分位数回归、控制内生性、分时间段和分产业等条件下依然稳健；中国生产性服务资源环节错配系数在所有样本国中最高。

赵景等[⑤]2019 年在《统计研究》发文《要素匹配与中国投资效率空间差异性：基于双层嵌套型函数的分解研究》，基于四要素双层嵌套的生产函数，针对 1990—2016 年全国层面及省际层面数据测算投资效率，分析其空间结构特征及演变轨迹，检验投资效率匹配效应影

① 李研. 中国数字经济产出效率的地区差异及动态演变[J]. 数量经济技术经济研究，2021，38（2）：60.

② 潘文卿，刘婷，王丰国. 中国区域产业 CO_2 排放影响因素研究：不同经济增长阶段的视角[J]. 统计研究，2017，34（3）：30.

③ 韩兆安，赵景峰，吴海珍. 中国省际数字经济规模测算、非均衡性与地区差异研究[J]. 数量经济技术经济研究，2021，38（8）：164-181.

④ 陈晓华，黄先海，刘慧. 生产性服务资源环节错配对高技术产品出口的影响分析[J]. 统计研究，2019，36（1）：65-76.

⑤ 赵景，董直庆，胡晟明. 要素匹配与中国投资效率空间差异性：基于双层嵌套型函数的分解研究[J]. 统计研究，2019，36（8）：100-113.

响因素。研究论文的资助基金来源有:国家自然科学基金项目“要素与技术耦合视角下技术进步偏向性的形成机理、路径转换和跨国传递机制研究”;国家社会科学基金重点项目“供给侧结构性改革下东北老工业基地创新要素流动集聚与空间结构优化研究”;国家社会科学基金重点项目“新常态下中国经济增长动力转换和新增长点培育研究”。

刘贯春[①]使用2007—2015年非金融类上市公司的半年期数据,实证检验了金融资产配置对企业研发创新的影响,并考察了上述关系在不同类型企业之间的异质性。资助基金有:国家自然科学基金重点项目“推动经济发达地区产业转型升级的机制与政策研究”;国家社会科学基金重大项目“我国经济发展新常态的趋势性特征及政策取向研究”;“文化名家暨四个一批”人才项目“中国的产业转型与就业变化:理论与经验研究”。

聚类三:混合样本(mixed sample)

#2聚类有20个成员文献,同质性检验参数为0.936。LLR标记为混合样本,LSI标记为小域模型推理,MI标记为样本量分配。引文文献节点的平均时间是1973年。

吕萍[②][③]在《域的最优样本量分配方法研究》和《域的样本量分配方法研究》中指出:域估计是抽样调查中的热点问题之一,需要同时兼顾总体和域的估计精度,其核心问题是样本量问题;介绍并比较了Power分配和Longford分配,使用中国家庭追踪调查数据对等量分配、比例分配、内曼分配、Power分配和组合分配进行比较研究,进一步说明组合分配效率最高,是最优的域的样本量的分配方法。这同时也是国家社会科学基金和全国统计科学研究重点项目的阶段性成果。

刘展[④][⑤]在《混合样本的小域模型推断研究》和《基于倾向得分的伪权数构造与混合样本推断》中经过模拟与实证得出结果:混合样本推断方法的效果要比仅使用概率样本进行总体推断的效果更好,所得估计的偏差绝对值、方差和均方误差更小。

聚类四:因子分布(或要素分配)(factors distribution)

#3聚类有14个成员文献,同质性检验参数为0.983。它被LLR和LSI标记为因子分布,被MI标记为理论劳动。引文文献节点的平均时间是2001年。

尹今格等[⑥]构建了分析技术偏向程度的计量模型,使用1990—2010年我国工业的数据进行估计和分析。基金资助有:国家社会科学基金重点项目“技术进步偏向及其效应的统计测算与计量经济分析”;教育部人文社会科学基金项目“偏向性技术进步的统计测算方法研究”。

钟世川等[⑦]基于CES生产函数在无论要素分配参数是否为常数的条件下,推导出经济增长来源于中性技术进步、偏向性技术进步、资本和劳动的贡献度之和;TFP增长率在数值上等于中性技术进步和偏向性技术进步的贡献度之和。他们使用我国1978—2014年的数据进行实证分析得出资本与劳动之间呈互补关系。

① 刘贯春.金融资产配置与企业研发创新:“挤出”还是“挤入”[J].统计研究,2017,34(7):49-61.
② 吕萍.域的最优样本量分配方法研究[J].数理统计与管理,2018,37(5):828-834.
③ 吕萍,郭淡泊.域的样本量分配方法研究[J].统计与信息论坛,2018,33(5):3-7.
④ 刘展,潘莹丽,蔡雯.混合样本的小域模型推断研究[J].统计与决策,2021,37(20):5-9.
⑤ 刘展,潘莹丽,涂朝凤,等.基于倾向得分的伪权数构造与混合样本推断[J].统计与决策,2021,37(2):20-24.
⑥ 尹今格,雷钦礼.研发效率、要素禀赋及国际贸易与技术偏向程度[J].统计研究,2016,33(1):20-25.
⑦ 钟世川,毛艳华.中国经济增长率的分解:基于要素分配参数的讨论[J].统计研究,2016,33(9):22-29.

张杰[①]利用改进的APG模型框架对中国各省份地区制造业部门生产效率增长进行分解和测算，并针对导致制造业要素配置效率低下的动因进行深入分析。基金资助为国家社会科学基金青年项目“提高中国制造业中劳动者报酬所占比重的理论基础和途径研究”。

聚类五：会计差错（accounting error）

#4聚类有12个成员文献，同质性检验参数为0.961。它被LLR和LSI标记为会计差错，被MI标记为地方政府投资。引文文献节点的平均时间是1996年。

#4聚类的5篇前沿文献是：王华的《中国GDP核算误差的估算框架》（2017，厦门大学学报（哲学社会科学版））；郭红丽的《中国GDP核算误差的特征事实与发生机制：兼论计量模型方法对于GDP数据质量的评估功效》（2017，统计与信息论坛）；张宏翔的《政府竞争与分权通道的交互作用对环境质量的影响研究》（2015，统计研究）；许永洪的《与能源消耗等指标发生偏离的GDP是否可信》（2017，统计研究）；吉瑞的《融资约束、土地财政与地方政府投资行为》（2015，统计研究）。

5.3 本章小结

本章首先基于CNKI对国内4种统计类核心期刊的时间和空间分布，即载文量、发文机构、资助基金和发文作者等基础文献计量学指标，对国内统计学研究的基本情况进行了描述性统计分析。从每种期刊发表的论文中按照被引频次挑选出最受关注的前十篇高被引论文，从这4种期刊的高被引论文反映的内容可以挖掘出这些年来统计学研究的热点主题。

本章还利用CiteSpace软件对CSSCI统计学来源文献进行了共词聚类分析和文献共被引分析，得到关键词共现网络图谱的聚类视图和时区视图，以及文献共被引网络图谱的聚类视图，将国内统计学研究的主题演进趋势和热点前沿直观地展现出来。

从关键词共现网络中可以得知，2005—2014年国内统计学研究的热点主要围绕经济增长、抽样调查、参数估计、统计数据质量、统计方法、政府统计、指标体系、面板数据、影响因素等重要关键词。2015—2022年热点仍然有经济增长、指标体系、影响因素等，此外，还增加了大数据、技术进步、综合评价、溢出效应、统计学、机器学习、区域差异和国际比较等重要关键词，反映了最近几年统计学上的研究热点。

从文献共被引网络总结出来的2005—2014年五大聚类可以发现，国内统计学研究的前沿领域和前沿文献主要是关于统计理论的研究。尤其是灰色系统理论，它是目前国内研究的重要领域，对统计学学科建设的研究也是近几年的一块前沿阵地。此外，国内统计学研究大多数专注于统计应用方面，比如国民经济核算、经济增长与经济发展、居民消费、收入分配、国际贸易、环境污染等众多领域。2015—2022年的文献共被引网络显示，除了#2聚类主要集中于统计理论和统计方法的研究外，其他聚类的绝大多数研究文献集中于统计应用上，比如数字经济、碳排放、高科技产品出口、GDP核算和全球价值链等经济和产业发展方面。

---

① 张杰. 中国制造业要素配置效率的测算、变化机制与政府干预效应[J]. 统计研究，2016，33（3）：72-79.

6 结语

本研究使用文本挖掘技术和信息可视化软件 CiteSpace 对国内外统计学来源文献进行了共词聚类分析和文献共被引分析,得到关键词共现网络图谱的聚类视图和时区视图,以及文献共被引网络图谱的聚类视图和时间线视图。最后,以可视化知识图谱的表现形式将国内外统计学研究的主题演进趋势和热点前沿直观地展现出来。分析结果得到了相关专家的验证,表明了本研究结果的有效性和价值性。

本研究以探索和捕捉统计学学科前沿热点为研究目的,演绎了一个在大数据背景下学科前沿领域和热点研究的描述方法,为其他学科的相关问题的研究提供了一个可借鉴的范例和参考。

参考文献

[1] 费尔德曼. 文本挖掘. 北京:人民邮电出版社,2009.

[2] CHEN C M. CiteSpace Ⅱ: Detecting and visualizing emerging trends and transient patterns in scientific literature. Journal of the American society for information science and technology,2006, 57(3): 359-377.

[3] CHEN C M. Searching for intellectual turning points: progressive knowledge domain visualization. Proceedings of the National Academy of Sciences of the United States of America, 2004, 101: 5303-5310.

[4] FAN J Q, K L H L. Frontier of statistics. London: Imperial College Press,2006.

[5] FAN J Q, LIN X H, LIU J S. New developments in biostatistics and bioinformatics. World Scientific Publishing Co. Pte Ltd,2009.

[6] CAI T, SHEN X T. High-dimensional data analysis (frontiers of statistics).World Scientific Publishing Company,2010.

[7] KEILEGOM V I, WILSON P W. Exploring research frontiers in contemporary statistics and econometrics. Physica-Verlag,2011.

[8] Committee on the Analysis of Massive Data, Committee on Applied and Theoretical Statistics. Frontiers in massive data analysis.2013.

[9] KYUNG M, GILL J, CASELLA G. Estimation in Dirichlet random effects models. Annals of statistics, 2010, 38(2):979-1009.

[10] ZHANG C H. Nearly unbiased variable selection under minimax concave penalty. Annals of statistics, 2010, 38(2):894-942.

[11] HUANG J, HOROWITZ J L, WEI F R. Variable selection in nonparametric additive models. Annals of statistics, 2010, 38(4):2282-2313.

[12] FAN J, SONG R. Sure independence screening in generalized linear models with NP-dimensionality. Annals of statistics, 2009, 38(6):3567-3604.

[13] CAI T, YUAN M. Minimax and adaptive estimation of covariance operator for random variables observed on a lattice graph. Journal of the American Statistical Association, 2016, 111: 253-265.

[14] DIDELEZ V, KREINER S, KEIDING N. Graphical models for inference under outcome-dependent sampling. Statistical science, 2011, 25(2010): 368-387.

[15] HALL P, JIN J. Innovated higher criticism for detecting sparse signals in correlated noise. Annals of statistics, 2009, 38(3):1686-1732.

[16] BAR H, BOOTH J, SCHIFANO E, et al. Laplace approximated EM microarray analysis: an empirical Bayes approach for comparative microarray experiments. Statistical science,

2010, 25(3):388-407.

[17] CHENG G, HUANG J Z. Bootstrap consistency for general semiparametric M-estimation. Annals of statistics, 2009, 38(2010):2884-2915.

[18] TANNER M A, WONG W H. From EM to data augmentation: the emergence of MCMC Bayesian computation in the 1980s. Statistical science, 2011, 25(2010):151-155.

[19] 叶明确,黄舒. 统计学前沿的发展现状和国际比较. 统计研究,2013,30(9):101-106.

[20] 罗式胜. 文献计量学概论. 广州:中山大学出版社,1994.

[21] 叶明确. 统计学学科前沿研究报告. 北京:经济管理出版社,2015.

[22] 韦斯,因杜尔亚,张潼. 预测性文本挖掘基础. 赵仲孟,侯迪,译. 西安:西安交通大学出版社,2012.

[23] 代劲,宋娟,胡峰,等. 云模型与文本挖掘. 北京:人民邮电出版社, 2013.

[24] 蒋颖. 人文社会科学领域文献计量学研究. 北京:社会科学文献出版社,2013.

[25] 里夫,赖斯,菲克. 内容分析法. 北京:清华大学出版社,2010.

[26] 李杰,陈超美. 科技文本挖掘及可视化. 北京:首都经济贸易大学出版社,2022.

附录

附录 1　Web of Science 数据库收录的 122 种统计学期刊（按 2014 年影响因子降序排列）

排序	期刊名称	JCR 缩写	影响因子（2014）
1	Statistical Methods in Medical Research	STAT METHODS MED RES	4.472
2	Econometrica	ECONOMETRICA	3.889
3	Journal of Statistical Software	J STAT SOFTW	3.801
4	Journal of the Royal Statistical Society Series B：Statistical Methodology	J R STAT SOC B	3.515
5	Statistical Science	STAT SCI	2.738
6	Biostatistics	BIOSTATISTICS	2.649
7	Multivariate Behavioral Research	MULTIVAR BEHAV RES	2.477
8	Chemometrics and Intelligent Laboratory Systems	CHEMOMETR INTELL LAB	2.321
9	Journal of Business & Economic Statistics	J BUS ECON STAT	2.241
10	Annals of Statistics	ANN STAT	2.180
11	British Journal of Mathematical & Statistical Psychology	BRIT J MATH STAT PSY	2.167
12	Stochastic Environmental Research and Risk Assessment	STOCH ENV RES RISK A	2.086
13	Fuzzy Sets and Systems	FUZZY SET SYST	1.986
14	Journal of the American Statistical Association	J AM STAT ASSOC	1.979
15	Probabilistic Engineering Mechanics	PROBABILIST ENG MECH	1.855
16	Statistics in Medicine	STAT MED	1.825
17	Technometrics	TECHNOMETRICS	1.814
18	Journal of Computational Biology	J COMPUT BIOL	1.737
19	Journal of the Royal Statistical Society Series A：Statistics in Society	J R STAT SOC A STAT	1.643
20	Statistics and Computing	STAT COMPUT	1.623
21	Spatial Statistics	SPAT STAT-NETH	1.605
22	Biometrics	BIOMETRICS	1.568
23	Probability Theory and Related Fields	PROBAB THEORY REL	1.532
24	Environmetrics	ENVIRONMETRICS	1.514

续表

排序	期刊名称	JCR 缩写	影响因子（2014）
25	Journal of Chemometrics	J CHEMOMETR	1.500
26	Journal of the Royal Statistical Society Series C：Applied Statistics	J R STAT SOC C-APPL	1.494
27	Annals of Applied Statistics	ANN APPL STAT	1.464
28	Annals of Applied Probability	ANN APPL PROBAB	1.454
29	Finance and Stochastics	FINANC STOCH	1.441
30	IEEE-ACM Transactions on Computational Biology and Bioinformatics	IEEE-ACM T COMPUT BI	1.438
31	Annals of Probability	ANN PROBAB	1.420
32	Biometrika	BIOMETRIKA	1.418
33	Scandinavian Actuarial Journal	SCAND ACTUAR J	1.412
34	Computational Statistics & Data Analysis	COMPUT STAT DATA AN	1.400
35	Revstat-Statistical Journal	REVSTAT-STAT J	1.400
36	Oxford Bulletin of Economics and Statistics	OXFORD B ECON STAT	1.368
37	Bayesian Analysis	BAYESIAN ANAL	1.343
38	Extremes	EXTREMES	1.333
39	SORT-Statistics and Operations Research Transactions	SORT-STAT OPER RES T	1.333
40	Journal of Computational and Graphical Statistics	J COMPUT GRAPH STAT	1.222
41	International Statistical Review	INT STAT REV	1.200
42	Econometric Reviews	ECONOMET REV	1.189
43	Bernoulli	BERNOULLI	1.161
44	Statistica Sinica	STAT SINICA	1.158
45	Journal of Quality Technology	J QUAL TECHNOL	1.152
46	Insurance Mathematics & Economics	INSUR MATH ECON	1.128
47	Statistical Applications in Genetics and Molecular Biology	STAT APPL GENET MOL	1.127
48	Annales De L Institut Henri Poincare-Probabilites Et Statistiques	ANN I H POINCARE-PR	1.059
49	Stochastic Processes and Their Applications	STOCH PROC APPL	1.056
50	R Journal	R J	1.038
51	Advances in Data Analysis and Classification	ADV DATA ANAL CLASSI	1.026
52	Stata Journal	STATA J	1.000
53	Test	TEST-SPAIN	0.984
54	Econometric Theory	ECONOMET THEOR	0.978
55	Statistical Modelling	STAT MODEL	0.977
56	Electronic Journal of Statistics	ELECTRON J STAT	0.957
57	Biometrical Journal	BIOMETRICAL J	0.945

续表

排序	期刊名称	JCR 缩写	影响因子（2014）
58	Journal of Multivariate Analysis	J MULTIVARIATE ANAL	0.934
59	Environmental and Ecological Statistics	ENVIRON ECOL STAT	0.925
60	American Statistician	AM STAT	0.915
61	Methodology and Computing in Applied Probability	METHODOL COMPUT APPL	0.913
62	Journal of Agricultural Biological and Environmental Statistics	J AGR BIOL ENVIR ST	0.910
63	Scandinavian Journal of Statistics	SCAND J STAT	0.867
64	Journal of Theoretical Probability	J THEOR PROBAB	0.857
65	Pharmaceutical Statistics	PHARM STAT	0.833
66	Survey Methodology	SURV METHODOL	0.828
67	Annals of the Institute of Statistical Mathematics	ANN I STAT MATH	0.820
68	Econometrics Journal	ECONOMET J	0.818
69	Statistical Papers	STAT PAP	0.813
70	Journal of Time Series Analysis	J TIME SER ANAL	0.783
71	Asta-Advances in Statistical Analysis	ASTA-ADV STAT ANAL	0.780
72	Electronic Journal of Probability	ELECTRON J PROBAB	0.765
73	International Journal of Biostatistics	INT J BIOSTAT	0.741
74	Astin Bulletin	ASTIN BULL	0.738
75	Infinite Dimensional Analysis Quantum Probability and Related Topics	INFIN DIMENS ANAL QU	0.730
76	Applied Stochastic Models in Business and Industry	APPL STOCH MODEL BUS	0.725
77	Quality & Quantity	QUAL QUANT	0.720
78	Advances in Applied Probability	ADV APPL PROBAB	0.709
79	Journal of Official Statistics	J OFF STAT	0.689
80	Stochastics and Dynamics	STOCH DYNAM	0.689
81	Open Systems & Information Dynamics	OPEN SYST INF DYN	0.685
82	Journal of Statistical Planning and Inference	J STAT PLAN INFER	0.675
83	Statistical Methods and Applications	STAT METHOD APPL-GER	0.660
84	Lifetime Data Analysis	LIFETIME DATA ANAL	0.654
85	Canadian Journal of Statistics-Revue Canadienne De Statistique	CAN J STAT	0.646
86	Statistical Methodology	STAT METHODOL	0.637
87	Journal of Statistical Computation and Simulation	J STAT COMPUT SIM	0.635
88	Combinatorics Probability & Computing	COMB PROBAB COMPUT	0.623
89	Electronic Communications in Probability	ELECTRON COMMUN PROB	0.619
90	Statistics in Biopharmaceutical Research	STAT BIOPHARM RES	0.618

续表

排序	期刊名称	JCR 缩写	影响因子（2014）
91	Statistics & Probability Letters	STAT PROBABIL LETT	0.595
92	Journal of Biopharmaceutical Statistics	J BIOPHARM STAT	0.587
93	Journal of Applied Probability	J APPL PROBAB	0.586
94	Quality Technology and Quantitative Management	QUAL TECHNOL QUANT M	0.583
95	International Journal of Game Theory	INT J GAME THEORY	0.579
96	Statistica Neerlandica	STAT NEERL	0.564
97	Quality Engineering	QUAL ENG	0.553
98	Statistics	STATISTICS-ABINGDON	0.532
99	ALEA-Latin American Journal of Probability and Mathematical Statistics	ALEA-LAT AM J PROBAB	0.521
100	Theory of Probability and Its Applications	THEOR PROBAB APPL+	0.520
101	Metrika	METRIKA	0.517
102	Stochastics-An International Journal of Probability and Stochastic Processes	STOCHASTICS	0.515
103	Journal of Nonparametric Statistics	J NONPARAMETR STAT	0.500
104	Sequential Analysis-Design Methods and Applications	SEQUENTIAL ANAL	0.500
105	Markov Processes and Related Fields	MARKOV PROCESS RELAT	0.484
106	Stochastic Models	STOCH MODELS	0.463
107	Probability in the Engineering and Informational Sciences	PROBAB ENG INFORM SC	0.460
108	Stochastic Analysis and Applications	STOCH ANAL APPL	0.445
109	Journal of the Korean Statistical Society	J KOREAN STAT SOC	0.440
110	ESAIM-Probability and Statistics	ESAIM-PROBAB STAT	0.439
111	Brazilian Journal of Probability and Statistics	BRAZ J PROBAB STAT	0.424
112	Journal of Applied Statistics	J APPL STAT	0.417
113	Australian & New Zealand Journal of Statistics	AUST NZ J STAT	0.415
114	Hacettepe Journal of Mathematics and Statistics	HACET J MATH STAT	0.413
115	Computational Statistics	COMPUTATION STAT	0.403
116	Probability and Mathematical Statistics-Poland	PROBAB MATH STAT-POL	0.389
117	Utilitas Mathematica	UTILITAS MATHEMATICA	0.354
118	Communications in Statistics-Simulation and Computation	COMMUN STAT-SIMUL C	0.325
119	Mathematical Population Studies	MATH POPUL STUD	0.292
120	Communications in Statistics-Theory and Methods	COMMUN STAT-THEOR M	0.274
121	Pakistan Journal of Statistics	PAK J STAT	0.140
122	Annual Review of Statistics and Its Application	ANNU REV STAT APPL	Not Available

附录 2 Web of Science 数据库收录的 125 种统计学期刊（按 2021 年影响因子降序排列）

排序	期刊名称	JCR 缩写	影响因子（2021）	分区
1	American Statistician	AM STAT	8.325	Q1
2	Annual Review of Statistics and Its Application	ANNU REV STAT APPL	7.917	Q1
3	Journal of Statistical Software	J STAT SOFTW	6.992	Q1
4	Econometrica	ECONOMETRICA	6.383	Q1
5	Journal of Business & Economic Statistics	J BUS ECON STAT	5.309	Q1
6	Biostatistics	BIOSTATISTICS	5.279	Q1
7	Journal of the Royal Statistical Society Series B：Statistical Methodology	J R STAT SOC B	4.933	Q1
8	Annals of Statistics	ANN STAT	4.904	Q1
9	Fuzzy Sets and Systems	FUZZY SET SYST	4.462	Q1
10	Stata Journal	STATA J	4.450	Q1
11	Journal of the American Statistical Association	J AM STAT ASSOC	4.369	Q1
12	Chemometrics and Intelligent Laboratory Systems	CHEMOMETR INTELL LAB	4.175	Q1
13	Statistical Science	STAT SCI	4.015	Q1
14	Stochastic Environmental Research and Risk Assessment	STOCH ENV RES RISK A	3.821	Q1
15	IEEE-ACM Transactions on Computational Biology and Bioinformatics	IEEE ACM T COMPUT BI	3.702	Q1
16	Bayesian Analysis	BAYESIAN ANAL	3.396	Q1
17	Wiley Interdisciplinary Reviews：Computational Statistics	WIRES COMPUT STAT	3.282	Q1
18	Multivariate Behavioral Research	MULTIVAR BEHAV RES	3.085	Q1
19	Econometrics Journal	ECONOMET J	3.071	Q1
20	Biometrika	BIOMETRIKA	3.028	Q1
21	Probabilistic Engineering Mechanics	PROBABILIST ENG MECH	2.954	Q1
22	Quality Technology and Quantitative Management	QUAL TECHNOL QUANT M	2.614	Q1
23	Astin Bulletin-the Journal of the International Actuarial Association	ASTIN BULL	2.545	Q1
24	Oxford Bulletin of Economics and Statistics	OXFORD B ECON STAT	2.518	Q1
25	Journal of Chemometrics	J CHEMOMETR	2.500	Q1
26	Statistics in Medicine	STAT MED	2.497	Q1
27	Statistical Methods in Medical Research	STAT METHODS MED RES	2.494	Q1
28	Stat	STAT-US	2.451	Q1
29	Journal of Survey Statistics and Methodology	J SURV STAT METHODOL	2.446	Q1

续表

排序	期刊名称	JCR 缩写	影响因子（2021）	分区
30	British Journal of Mathematical & Statistical Psychology	BRIT J MATH STAT PSY	2.410	Q1
31	Environmental and Ecological Statistics	ENVIRON ECOL STAT	2.365	Q1
32	Statistics	STATISTICS-ABINGDON	2.346	Q2
33	Technometrics	TECHNOMETRICS	2.333	Q2
34	Statistics and Computing	STAT COMPUT	2.324	Q2
35	Annals of Probability	ANN PROBAB	2.288	Q2
36	Quality Engineering	QUAL ENG	2.286	Q2
37	Journal of Agricultural Biological and Environmental Statistics	J AGR BIOL ENVIR ST	2.267	Q2
38	Journal of Quality Technology	J QUAL TECHNOL	2.182	Q2
39	Journal of the Royal Statistical Society Series A：Statistics in Society	J R STAT SOC A STAT	2.175	Q2
40	Insurance Mathematics & Economics	INSUR MATH ECON	2.168	Q2
41	Spatial Statistics	SPAT STAT-NETH	2.125	Q2
42	Finance and Stochastics	FINANC STOCH	2.095	Q2
43	Annals of Applied Probability	ANN APPL PROBAB	2.038	Q2
44	Computational Statistics & Data Analysis	COMPUT STAT DATA AN	2.035	Q2
45	Econometric Theory	ECONOMET THEOR	1.968	Q2
46	Annals of Applied Statistics	ANN APPL STAT	1.959	Q2
47	International Statistical Review	INT STAT REV	1.946	Q2
48	Probability Theory and Related Fields	PROBAB THEORY REL	1.944	Q2
49	Advances in Data Analysis and Classification	ADV DATA ANAL CLASSI	1.944	Q2
50	Journal of Computational and Graphical Statistics	J COMPUT GRAPH STAT	1.884	Q2
51	International Journal of Biostatistics	INT J BIOSTAT	1.829	Q2
52	Bernoulli	BERNOULLI	1.822	Q2
53	Scandinavian Actuarial Journal	SCAND ACTUAR J	1.782	Q2
54	SORT-Statistics and Operations Research Transactions	SORT-STAT OPER RES T	1.759	Q2
55	Test	TEST-SPAIN	1.743	Q2
56	Biometrical Journal	BIOMETRICAL J	1.715	Q2
57	Biometrics	BIOMETRICS	1.701	Q2
58	Journal of the Royal Statistical Society Series C：Applied Statistics	J R STAT SOC C-APPL	1.680	Q2
59	R Journal	R J	1.673	Q2
60	Econometric Reviews	ECONOMET REV	1.605	Q2
61	Statistics in Biopharmaceutical Research	STAT BIOPHARM RES	1.586	Q2

续表

排序	期刊名称	JCR 缩写	影响因子（2021）	分区
62	Stochastics and Partial Differential Equations-Analysis and Computations	STOCH PARTIAL DIFFER	1.565	Q2
63	Probability in the Engineering and Informational Sciences	PROBAB ENG INFORM SC	1.561	Q3
64	Journal of Computational Biology	J COMPUT BIOL	1.549	Q3
65	Environmetrics	ENVIRONMETRICS	1.527	Q3
66	Statistical Papers	STAT PAP	1.523	Q3
67	Journal of Biopharmaceutical Statistics	J BIOPHARM STAT	1.503	Q3
68	Applied Stochastic Models in Business and Industry	APPL STOCH MODEL BUS	1.497	Q3
69	Annales De L Institut Henri Poincare-Probabilites Et Statistiques	ANN I H POINCARE-PR	1.484	Q3
70	Stochastics and Dynamics	STOCH DYNAM	1.450	Q3
71	Stochastic Processes and Their Applications	STOCH PROC APPL	1.430	Q3
72	Lifetime Data Analysis	LIFETIME DATA ANAL	1.429	Q3
73	Journal of Applied Statistics	J APPL STAT	1.416	Q3
74	Computational Statistics	COMPUTATION STAT	1.405	Q3
75	Journal of Multivariate Analysis	J MULTIVARIATE ANAL	1.387	Q3
76	Mathematical Population Studies	MATH POPUL STUD	1.355	Q3
77	Stochastic Analysis and Applications	STOCH ANAL APPL	1.344	Q3
78	Statistica Sinica	STAT SINICA	1.330	Q3
79	Extremes	EXTREMES	1.318	Q3
80	Asta-Advances in Statistical Analysis	ASTA-ADV STAT ANAL	1.281	Q3
81	Statistical Analysis and Data Mining	STAT ANAL DATA MIN	1.247	Q3
82	Statistica Neerlandica	STAT NEERL	1.239	Q3
83	Pharmaceutical Statistics	PHARM STAT	1.234	Q3
84	Electronic Journal of Statistics	ELECTRON J STAT	1.225	Q3
85	Journal of Statistical Computation and Simulation	J STAT COMPUT SIM	1.225	Q3
86	Combinatorics Probability & Computing	COMB PROBAB COMPUT	1.211	Q3
87	Random Matrices-Theory and Applications	RANDOM MATRI-CES-THEO	1.209	Q3
88	Journal of Time Series Analysis	J TIME SER ANAL	1.208	Q3
89	Annals of the Institute of Statistical Mathematics	ANN I STAT MATH	1.180	Q3
90	Statistical Methods and Applications	STAT METHOD APPL-GER	1.174	Q3
91	Communications in Statistics-Simulation and Computation	COMMUN STAT-SIMUL C	1.162	Q3
92	Journal of Official Statistics	J OFF STAT	1.139	Q3
93	Electronic Journal of Probability	ELECTRON J PROBAB	1.134	Q3
94	Journal of Applied Probability	J APPL PROBAB	1.116	Q4

续表

排序	期刊名称	JCR 缩写	影响因子（2021）	分区
95	Journal of Statistical Planning and Inference	J STAT PLAN INFER	1.095	Q4
96	Advances in Applied Probability	ADV APPL PROBAB	1.060	Q4
97	Scandinavian Journal of Statistics	SCAND J STAT	1.040	Q4
98	Sequential Analysis-Design Methods and Applications	SEQUENTIAL ANAL	1.038	Q4
99	Journal of Nonparametric Statistics	J NONPARAMETR STAT	1.012	Q4
100	Stochastics-An International Journal of Probability and Stochastic Processes	STOCHASTICS	1.000	Q4
101	Revstat-Statistical Journal	REVSTAT-STAT J	0.985	Q4
102	Metrika	METRIKA	0.960	Q4
103	Brazilian Journal of Probability and Statistics	BRAZ J PROBAB STAT	0.955	Q4
104	Statistical Modelling	STAT MODEL	0.927	Q4
105	Methodology and Computing in Applied Probability	METHODOL COMPUT APPL	0.880	Q4
106	Hacettepe Journal of Mathematics and Statistics	HACET J MATH STAT	0.867	Q4
107	Australian & New Zealand Journal of Statistics	AUST NZ J STAT	0.867	Q4
108	Communications in Statistics-Theory and Methods	COMMUN STAT-THEOR M	0.863	Q4
109	Infinite Dimensional Analysis Quantum Probability and Related Topics	INFIN DIMENS ANAL QU	0.828	Q4
110	Journal of the Korean Statistical Society	J KOREAN STAT SOC	0.820	Q4
111	Canadian Journal of Statistics-Revue Canadienne De Statistique	CAN J STAT	0.758	Q4
112	Journal of Theoretical Probability	J THEOR PROBAB	0.733	Q4
113	ALEA-Latin American Journal of Probability and Mathematical Statistics	ALEA-LAT AM J PROBAB	0.732	Q4
114	Statistics & Probability Letters	STAT PROBABIL LETT	0.718	Q4
115	Survey Methodology	SURV METHODOL	0.718	Q4
116	Electronic Communications in Probability	ELECTRON COMMUN PROB	0.709	Q4
117	ESAIM-Probability and Statistics	ESAIM-PROBAB STAT	0.704	Q4
118	Statistical Applications in Genetics and Molecular Biology	STAT APPL GENET MOL	0.676	Q4
119	International Journal of Game Theory	INT J GAME THEORY	0.649	Q4
120	Stochastic Models	STOCH MODELS	0.613	Q4
121	Law Probability & Risk	LAW PROBAB RISK	0.581	Q4
122	Open Systems & Information Dynamics	OPEN SYST INF DYN	0.571	Q4
123	Theory of Probability and Its Applications	THEOR PROBAB APPL+	0.560	Q4
124	Probability and Mathematical Statistics-Poland	PROBAB MATH STAT-POL	0.522	Q4
125	Markov Processes and Related Fields	MARKOV PROCESS RELAT	0.441	Q4

附录 3 CiteSpace 的安装与使用

利用 CiteSpace 对所选主题进行研究的基本流程如附图 1 所示。

一、软件安装

CiteSpace 开发于 2003 年，自 2004 年公开分享至今，期间不断更新。本书中，对 2005—2014 年的数据进行分析采用的版本为 4.0.R5 SE（64-bit），该版本由陈超美教授于 2015 年 12 月 29 日更新；对 2015—2022 年的数据进行分析采用的版本是 6.1.R6 SE（64-bit），其于 2023 年 1 月 8 日更新，相比以前的版本更加完善，功能更完备。

二、数据采集和预处理

CiteSpace 以 Web of Science 数据库的文本数据格式为标准，并随着 ISI 数据库中数据格式的变化而不断更新。其可直接导入 Web of Science 和 arXiv 数据库中的数据，而对来源于 CNKI、CSSCI、Derwent、NSF、SCOPUS、ADS 和 Project DX 的数据则需要进行格式转换才能进一步进行可视化分析。目前，CiteSpace 能对这 9 种数据来源的文本数据进行分析。

三、参数与功能选择

导入数据及对数据进行预处理之后，在运行 CiteSpace 之前需要对一些参数及功能进行选择，包括时区选择、阈值选择、剪枝选择和功能选择。

时区选择（time slicing）可以将来源数据的时间阶段分为一个或若干个切片，默认以一年为一个时间切片，即如果有十年的数据就是十个切片。

阈值（thresholds）选择提供了多种数据筛选的方式。默认的是最简单的 Top *N* 选择，即在每个分区中选择前 *N* 个高频出现的节点，具体可以根据数据量的大小来选择前 50 个、前 100 个等。还可以选择 Top *N*%高频出现的节点为分析对象，通过（c，cc，ccv）即（被引或出现的频次，共被引或共现频次，共被引率或共现率）的设置来筛选数据，这种方式比较复杂，一般不常用。在运行软件进行分析的过程中，需要根据不同阈值设置出现的不同结果来不断调整阈值，这样最终才能得到比较满意的可视化图谱。

对于剪枝选择，CiteSpace 提供了 2 种对图谱进行修剪的方式：寻径（pathfinder）和最小生成树（minimum spanning tree，MST）。当生成的可视化图谱比较杂乱而不便解读时，可以根据具体情况选择合适的剪枝方式对其进行处理。

在功能选择方面，CiteSpace 可供选择的功能有 11 种，包括作者、机构、国家、主题词、关键词、学科领域、文献共被引、作者共被引、期刊共被引、文献耦合和资助基金选择。而且，这些功能还可以根据需要进行复合选择，如复合选择主题词和文献共被引就可以得到由共词网络和共被引网络组成的混合网络。

完成以上相关选择后，开始运行（GO）命令，软件会在后台创建矩阵、降维和聚类等一系列运算，数据筛选和运行情况显示在运行窗口的左侧，运行结束后即进入可视化阶段。

四、可视化

可视化的结果可以通过 3 种视图呈现在用户面前：①原始的聚类视图（cluster），可以体现聚类间的结构和突出关键节点及重要连线；②时间线视图（timeline），可以清晰地展现各个聚类之间的关系以及某一聚类中文献的历史跨度；③时区视图（timezone），与时间线视图一样,可以从时间维度上来表示知识的演进,能够清楚地展示文献的更新和相互影响。

五、结果解读

在得到可视化图谱之后,要想使结果用于科学研究必须经过专业解读。可视化图谱的解读除了需要对自己的研究主题深入了解之外,还必须具备研究主题所属学科的专业知识以及图书情报专业知识。CiteSpace 提供了一些自动生成的信息,可通过软件功能导出聚类详细信息来对结果进行解读。其中,寻找网络中的关键点是解读过程中比较重要的一个环节,可以通过运行结果呈现出的中介中心性(betweenness centrality)、突现性(burst)以及综合考虑中介中心性和突现性的 Sigma 值等来灵活判断这些关键点。

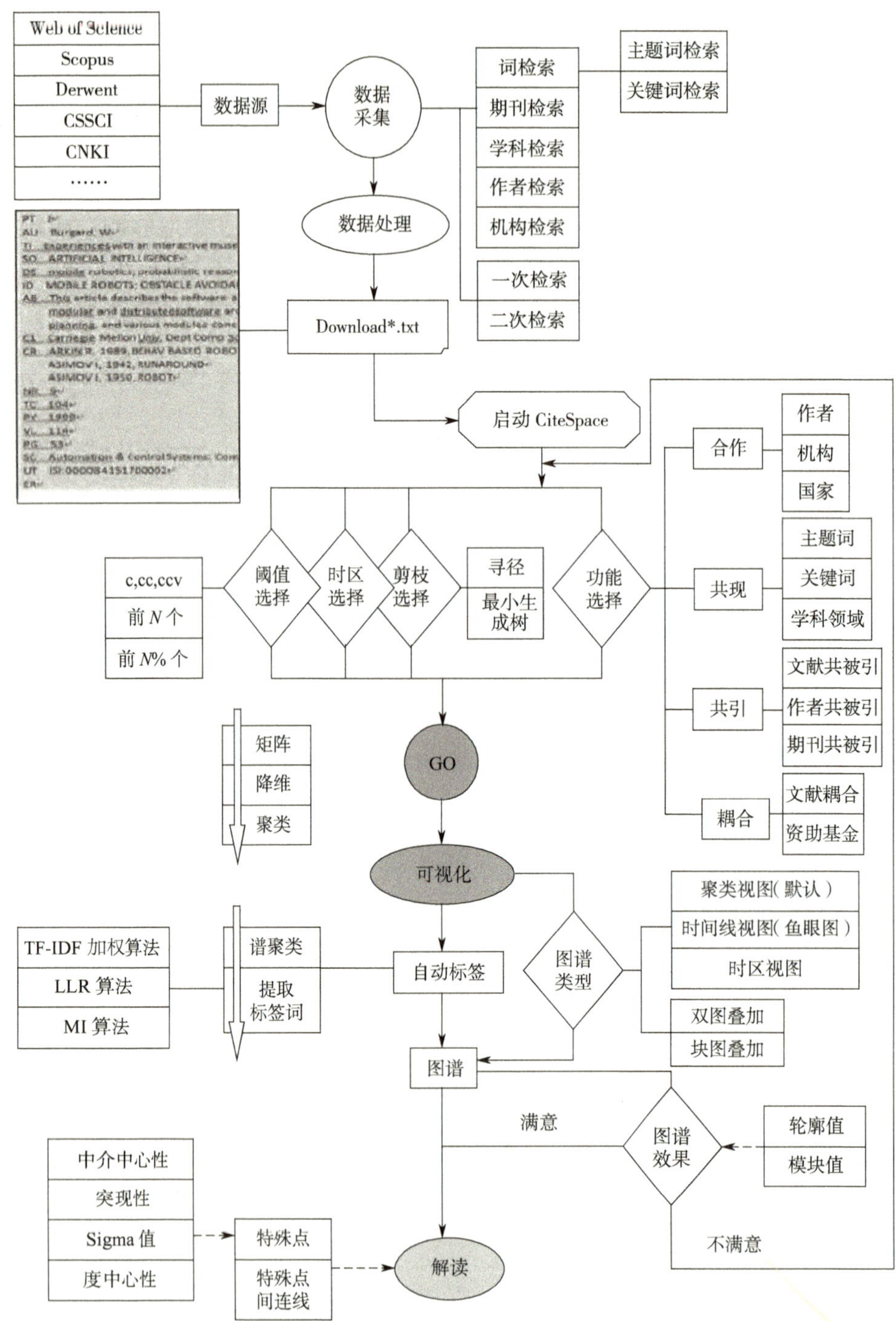

附图 1 利用 CiteSpace 进行研究的基本流程

参考资料:陈悦,陈超美,刘则渊,等. CiteSpace 知识图谱的方法论功能[J]. 科学学研究,2015,33(2):247.